HP Mayer

111 Orte
im Rheingau,
die man gesehen
haben muss

emons:

Bibliografische Information der Deutschen Nationalbibliothek
Die Deutsche Nationalbibliothek verzeichnet diese Publikation
in der Deutschen Nationalbibliografie; detaillierte bibliografische
Daten sind im Internet über http://dnb.d-nb.de abrufbar.

© Emons Verlag GmbH
Alle Rechte vorbehalten
© der Fotografien: HP Mayer, außer: Norbert Miguletz (Ort 2)
© Covermotiv: shutterstock.com/Elenadesign, numismarty/Depositphotos.com
Layout: Eva Kraskes, nach einem Konzept
von Lübbeke | Naumann | Thoben
Kartografie: altancicek.design, www.altancicek.de
Kartenbasisinformationen aus Openstreetmap,
© OpenStreetMap-Mitwirkende, ODbL
Druck und Bindung: Hitzegrad Print Medien & Service –
Lensing Druck Gruppe, Feldbachacker 16, 44149 Dortmund
Printed in Germany 2017
Erstausgabe 2016
ISBN 978-3-95451-918-7
Aktualisierte Neuauflage Februar 2017

Unser Newsletter informiert Sie
regelmäßig über Neues von emons:
Kostenlos bestellen unter
www.emons-verlag.de

Vorwort

Als Karl der Große die frühe Schneeschmelze an den Rheingauer Hängen entdeckte, war der Rheingau noch eine verschlafene Region am Rhein. Dann wurden Weinberge angelegt, Gasthäuser gebaut, und Jahrhunderte später besuchen jedes Jahr eine Million Menschen aus der gesamten Welt die Kulturlandschaft zwischen Wicker und Lorchhausen.

Orte wie Kloster Eberbach, Schloss Johannisberg oder die Drosselgasse wurden zu weltberühmten Sehenswürdigkeiten. Rheingauer Rieslinge und Spätburgunderweine werden immer wieder zu Weltrekordpreisen gehandelt. Und Städte wie Rüdesheim, Eltville am Rhein oder Hochheim am Main wurden von Persönlichkeiten wie Goethe, Königin Victoria von England, Kaiser Wilhelm oder Angela Merkel besucht. Stellt sich die Frage, was den Rheingau ausmacht, was so viele Menschen anzieht und warum die Einheimischen ihre Heimat lieben.

Gefragt nach ihren Lieblingsorten haben viele Rheingauer für dieses Buch ihre Geheimtipps verraten. Herausgekommen sind bislang unbekannte, selten besuchte, unscheinbare, verkannte oder auch bekannte Orte, an denen es etwas Besonderes zu entdecken gibt. Erkunden Sie den Rheingau auf eine neue Art und Weise: Fahren Sie mit der RheingauLinie, dem einzigen Zug entlang des Rheins, fahren Sie mit dem Rad durch die Weinberge oder wandern Sie auf den hervorragend ausgebauten Wegen durch Wälder und am Rhein entlang.

Und vielleicht entdecken Sie noch einen Ort, der nicht in diesem Buch erwähnt ist und noch nicht von vielen Gästen besucht wird – und schicken ihn mir für das nächste Mal, wenn wieder 111 Orte im Rheingau notiert und fotografiert werden, die man gesehen haben muss.

Viel Vergnügen bei der Lektüre und dem Besuch des Rheingaus abseits der touristischen Trampelpfade!

111 Orte

1 Die Oase der Bauernschänke

Steiltreppe ins Warme

Wer weiß, was aus Assmannshausen geworden wäre, wenn Fritz Wittmann 1908 seinen Pferdestall nicht zu einem Ort der »rheinischen Fröhlichkeit« umgebaut hätte. In seiner »Alten Bauernschänke« lockten fortan Unterhaltung, Musik, Tanz und der Wein aus dem eigenen Weingut neue Gäste nach Assmannshausen und tun es noch heute.

Begonnen hatte der Fremdenverkehr schon im 15. Jahrhundert. Heilende, warme Quellen, die man im Rhein entdeckt hatte, lockten Prominenz und betuchte Bürger zum Fuße des Assmannshauser Höllenbergs. Kaiser Wilhelm und Kaiserin Sissi waren da, auch Schriftsteller und Musiker wie Clemens Brentano, Hoffmann von Fallersleben oder Robert Schumann kamen. Das Lieblingshotel der Rheinromantiker war die berühmte »Krone« am Rheinufer, und in ihrem Schatten blühten andere Gasthäuser auf.

Doch mit dem Versiegen der Quellen und dem Ausbleiben der Kurgäste wurde die Unterhaltung im Sinne des alten Wittmann umso wichtiger für den Ort. In den 1960er Jahren übernahm Familie Berg dessen Bauernschänke, sanierte und verbesserte das Weingut und bewies auch im Sinne der Tradition des Hauses Innovationskraft: Zur Bauernschänke gesellte sich vis-à-vis eine Vinothek, und ebenfalls schräg gegenüber der prägnanten Glasfront des Haupthauses gelangt man nun durch eine schmale Eingangstür und eine steile Treppe hinauf in eine im Rheingau bis dahin noch nicht gesehene Wellness-Oase. Auf drei mit Schiefer, Holz und Kork gestalteten Etagen verwöhnen Dampfbad, Saunen, Massagen oder Traubenkern-Anwendungen die Besucher. Die Außenterrasse bietet einen der schönsten Ausblicke über die Dächer von Assmannshausen. Sogar ein Glas Wein darf man im lichten Eingangsbereich trinken – nach dem Motto von »Berg's Auszeit«: »Wärme, Wellness und Wein ergeben das Wohlbefinden.« Wer weiß, was sonst aus der Bauernschänke geworden wäre.

Adresse Niederwaldstraße 23, 65385 Assmannshausen, Tel. 06722/4999400 | **ÖPNV**
Bus 171 oder RheingauLinie bis Bahnhof Assmannshausen, von dort 350 Meter zu Fuß über
die Frankenthalstraße | **Anfahrt** B 42 bis Assmannshausen, dann über Rheinuferstraße und
Am Alten Bahnhof bis zur Niederwaldstraße | **Öffnungszeiten** Di – Fr 15 – 22 Uhr, Mo, Sa
11 – 22 Uhr | **Tipp** Vor der Entspannung in der »Auszeit« bietet sich eine Wanderung auf
oder rund um den Höllenberg mit herrlichen Ausblicken an.

2 — Der »TatOrt« Marienkirche

Eine bislang unbekannte Welt

Seit dem 12. Jahrhundert spielte sich das Leben hinter den Mauern des Klosters Marienhausen eher abseits der Öffentlichkeit ab. Einst von Zisterzienserinnen bewohnt, gab es Blütezeiten und bittere Armut, Zerstörungen und Brände. Nach der Säkularisierung und einer zwischenzeitlichen landwirtschaftlichen Nutzung kaufte das Bistum Limburg die Anlage 1888 und installierte eine Rettungsanstalt, später ein Erziehungsheim für Jungen. Ein solches blieb es – bis auf eine sechsjährige Phase der Enteignung durch die Nazis – bis 1991. Dann wurde es mit dem vereint, was ohnehin schon lange sein Nachbar war. Seitdem ist das ehemalige Kloster fester Bestandteil des Sankt Vincenzstifts, das Wohnmöglichkeiten, Schulen, Werkstätten und Inklusions-Projekte für Menschen mit geistiger Beeinträchtigung oder Lernschwäche anbietet. Die Gebäude werden heute von der Jugendhilfe Marienhausen und der Verwaltung des Sankt Vincenzstifts genutzt.

2010 wurde die alte Klosterkirche grundlegend saniert. Künstler des Frankfurter Ateliers Goldstein, eines der besten sogenannten »Outsider Art Ateliers«, gestalteten den Innenraum. So entstand die einzige Kirche in Deutschland, die von Menschen mit Beeinträchtigung gestaltet wurde. Was sich die Auftraggeber erhofften, wurde realisiert: Das Gotteshaus sieht so gar nicht wie viele andere Kirchen aus und vermittelt doch eine individuelle und sehr persönliche Spiritualität.

Wer das lange geschlossene historische Gotteshaus heute betritt, lernt eine andere Sicht auf die Welt kennen. Die künstlerischen Ideen sind unerwartet und tiefgründig und wirken doch leicht. Jeden Sonntag um 18 Uhr lädt Pfarrer Kurt Weigel zum Gottesdienst, und einmal im Monat wird der Gottesdienst zum »TatOrt«. Dann sollen Worte zu Taten werden, wobei nach der Feier noch ausreichend Zeit für die pünktliche Heimkehr zum »richtigen« Tatort bleibt. An diesem ersten Sonntag im Monat ist auch das Gartencafé des Sankt Vincenzstifts geöffnet.

Adresse Ludwig-Glaser-Straße, 65385 Aulhausen, Tel. 06722/7506432 (Pfarrer Kurt Weigel), www.marienkirche-aulhausen.de | **ÖPNV** RheingauLinie bis Bahnhof Rüdesheim oder Assmannshausen, dann Bus 187 bis Haltestelle Ludwig-Glaser-Straße | **Öffnungszeiten** So circa 17.30–19.30 Uhr (rund um den 18-Uhr-Gottesdienst), Kirchenführungen auf Anfrage | **Tipp** Am Anfang der Ludwig-Glaser-Straße betreiben Mitarbeiter der »Rheingau Werkstätten«, einer Abteilung des Sankt Vincenzstifts, einen kleinen Dorfladen mit Lebensmitteln und anderen Produkten des täglichen Bedarfs.

3__ Der Weinkeller im Weinberg

Mit einem Altersnachweis wird es leichter

Das Jugendschutzgesetz verbietet die Abgabe von Tabakwaren und Alkohol an Minderjährige. Deshalb wurden Zigarettenautomaten mit einem automatischen Altersnachweis nachgerüstet. Doch gibt es auch Automaten für alkoholische Getränke, zum Beispiel für Wein? Gibt es. Und einen Altersnachweis benötigt man auch.

Mitten in den Top-Weinlagen Rüdesheimer Berg, Assmannshäuser Frankenthal und Höllenberg stehen Holzhüttchen mit einem gemauerten Sockel. An den Rastplätzen »Laadhütt«, »Rotweinlaube«, »Ehrenfelsblick« und »Walters kleine Weinlaube« betreibt das Weingut Altenkirch aus Aulhausen eine Art Selbstbedienungs-Weinprobierstand. Walter Altenkirch hat das Ganze gebaut und schaut täglich nach dem Rechten. Die Kühlung funktioniert über ein ausgeklügeltes System: Lagerung der Flaschen im isolierten Steinsockel, der von einem gefrorenen Wasserkanister gekühlt wird. Das hält den Wein einen Tag lang kühl und garantiert frische Getränke für die Wanderer. Den Altersnachweis erbringt die Kundschaft über die gleichen Kartenlesegeräte wie bei den Zigarettenautomaten: Personalausweis oder Führerschein durchziehen und Simsalabim: der Weinschrank öffnet sich.

Darin steht jeweils eine Auswahl aus dem Familien-Weingut: vom trockenen Riesling-Klassiker über Blanc de Noirs bis zu Assmannshäuser Rotweinen. Die Bezahlung erfolgt – mit Vertrauensvorschuss des Winzers – per Überweisung oder Paypal und klappt ... meistens. Etwas weniger Schwund und Zerstörung wünscht sich Walter Altenkirchs Schwester Monika, die auf Wunsch für Gruppen auch ein rustikales Büfett an die Weinstationen liefert. Die Altenkirchs sind bekannt, betreiben einen Partyservice und laden mehrmals im Jahr in ihren Gutsausschank »Zur Linde«. Dort ist es unkompliziert und authentisch, und man sitzt weit weg von der Marketingwelt der Tourismusindustrie – aber immer im Rahmen des Jugendschutzgesetzes.

Adresse Die Weindepots liegen am Rheinsteig, einfach der Beschilderung des Wanderwegs ab Rüdesheim in Richtung Lorch folgen und Augen aufhalten. | **ÖPNV** RheingauLinie bis Bahnhof Rüdesheim, dann zu Fuß (den beschilderten Wanderweg bergauf) oder mit der Seilbahn zum Niederwalddenkmal | **Öffnungszeiten** durchgehend | **Tipp** Die »Rotweinlaube« wurde für die Literaturverfilmung »Ich bin die Andere« mit Katja Riemann und Armin Mueller-Stahl gebaut, danach von Bürgern mit einem Kupferdach regensicher gemacht und als einer der schönsten Rastplätze am Rhein auf einen Betonsockel gestellt.

4 — Der Klosterladen
Ergebnisse der vielen Talente

Hildegard von Bingen war ein Multitalent. Sie beschäftigte sich mit Heilkunst, Musik und Religion und hinterfragte bestehende Ordnungen. Im 12. Jahrhundert hätte sie mit dieser Vita gute Chancen auf einen eigenen Scheiterhaufen gehabt, aber die heilige Hildegard überzeugte mit ihrer Weisheit, ihrem Glauben, ihrem starken Charakter und wurde als Ratgeberin geschätzt. Als Autorin und Gelehrte hinterließ sie tiefe Spuren, denen auch heute noch viele Anhänger folgen.

In die Fußstapfen der heiligen Hildegard zu treten ist nicht möglich. Dennoch zeigen die Benediktinerinnen der Abtei Sankt Hildegard oberhalb von Rüdesheim ebenfalls viele Talente. In dem zum UNESCO-Welterbe Oberes Mittelrheintal zählenden malerischen Bauwerk leben und arbeiten über 50 Schwestern und Mitarbeiter. Ihre Aufgaben lesen sich wie die Aufzählung einer Berufsberatung: Äbtissin, Ausbilderin, Bäckerin, Bibliothekarin, Buchbinderin, Buchhalterin, Blumendekorateurin, Computerspezialistin, Exerzitienmeisterin, Fahrerin, Feuerwehrfrau, Flüchtlingshelferin, Gartenmeisterin, Gästebetreuerin, Goldschmiedemeisterin, Grabpflegerin, Hausmeisterin, Kerzenmalerin, Kirchenmusikerin, Krankenschwester, Küchenchefin, Künstlerin, Logotherapeutin, Malerin, Missionarin, Obstbrennmeisterin, Organistin, Pförtnerin, Restaurateurin, Sängerin, Schneiderin, Seelsorgerin, Sekretärin, Tante-Emma-Laden-Betreiberin, Theologin, Verkäuferin, Verwalterin, Wäscherin, Winzerin – und ein paar Ruheständlerinnen gibt es auch.

Die Ergebnisse dieser multitalentierten Gemeinschaft kann man im neuen Klosterladen bestaunen und kaufen. Die Buchsammlung zu allen Hildegard-Themen, aber auch über den Rheingau, Ernährung, Heilkunde und vieles mehr ist einmalig. Eine Probiertheke im Laden lädt zum Verkosten der Klosterweine, und nebenan hat ein Klostercafé geöffnet. Im Keller werden Werke aus den eigenen Reihen sowie von externen Künstlern ausgestellt.

Adresse Klosterweg 1, 65385 Rüdesheim, Tel. 06722/4990 | **ÖPNV** RheingauLinie bis Bahnhof Rüdesheim, ab hier 2,5 Kilometer zu Fuß bergauf | **Anfahrt** B 42 bis Rüdesheim, am Ortseingang rechts den Schildern »Abtei St. Hildegard« folgen | **Öffnungszeiten** Mo–Sa 9.30–17 Uhr, März–Weihnachten auch So und feiertags 14–17 Uhr | **Tipp** Der »Hildegard-Weg« führt als Rundwanderweg vom Rheinufer bis zur Abtei und über alte Weinbergstrecken mit schönen Ausblicken.

5 Der Burggarten
Und unten spielte die Musik

Etwas abseits des touristischen Trampelpfades durch die Kurfürstliche Burg von Eltville am Rhein fällt am Rheinufer zwischen Rosenstöcken und Burgmauern ein großes Holztor ins Auge. Eine kleine Tür darin erlaubt den Eintritt. Mit einem Schritt steht der überraschte Besucher plötzlich fern der Rosen- und Touristenscharen in einem eher karg wirkenden Hof – dem Burgzwinger. Vor gut 100 Jahren – damals im Besitz des Langwerth von Simmern – könnte es hier noch blumiger gewesen sein, denn auf einer alten Skizze von 1907 lautet die Bezeichnung »Burggarten«.

Dennoch gehört der Zwinger zu den historisch eindrucksvollsten Terrassen entlang des 1.320 Kilometer langen Rheinufers. Bei einem Blick über die Burgmauern ins fließende Rheinwasser fühlt man die knapp sieben Jahrhunderte Geschichte des ehemaligen Eckpfeilers der mittelalterlichen Stadtbefestigung und heutigen Wahrzeichens. In den schmuckeren Bereichen der Burg mit wohlklingenden Namen wie »Kurfürstensaal«, »Burgsaal« oder »Grafensaal« wird getagt und geheiratet. Sektempfänge dazu finden im zentralen Burghof und im Rosengarten statt. Auf dem Weg zur 24 Meter hohen Wehrturmspitze mit Ausblick über ganz Eltville geht es an der Grafenkammer, der Gutenbergausstellung und einer historischen Sammlung vorbei.

123 Stufen den Turm hinab und weitere vier Meter tiefer tobte einst der Beat der 1970er und 1980er Jahre, und die Rheingauer Jugend tanzte dazu bis in die Morgenstunden. Solch rauschende, laute Feste sind heute nicht mehr durchsetzbar, ein Hauch bürgerliche Normalität ist dennoch im Zwinger geblieben. Hier wird zu Festen Wein ausgeschenkt und Gäste aus nah und fern empfangen. Die Eltviller Gästeführer schlendern hier entlang, und am Wochenende trifft man ab und an Boulespieler. 200 Personen haben Platz, sagt die Tourist-Information und bietet den Zwinger ohne Bestuhlung zur Miete an.

Adresse Burgstraße 1, 65343 Eltville am Rhein, Tel. 06123/90980 | **ÖPNV** RheingauLinie bis Bahnhof Eltville, ab hier 300 Meter zu Fuß | **Anfahrt** B 42 bis Eltville am Rhein; Parkplätze im Stadtgebiet sind gut ausgeschildert | **Öffnungszeiten** Außenanlagen: April–Sept. täglich 9.30–19 Uhr, Okt.–März täglich 10–17 Uhr; Burgturm, Burgladen und Tourist-Information: April–Okt. täglich 10.30–17 Uhr, Nov.–März täglich 11–15.30 Uhr | **Tipp** Im neu eingerichteten Burgladen gibt es Souvenirs, Bücher, Karten, Drucke, Rosenseifen, Siegel, Stempel und weitere geschmackvolle Geschenkideen.

6 Der Käseladen

Waldige, holzige und fruchtige Köstlichkeiten

Rheingauer Spundekäs und hessischer Handkäs stehen auf fast jeder Speisekarte der heimischen Weinlokale. Doch damit begnügt sich der Eltviller Käseladen in der Altstadt keineswegs. Hier werden dem Kunden auf seiner Suche nach dem Lieblingskäse über 80 Käsespezialitäten aus Deutschland, Holland, Norwegen, England, Slowenien und der Schweiz zum Probieren angeboten, zusammengestellt von der Rheingauerin Katharina Sroka. Die studierte Foodmanagerin und gelernte Köchin ist ständig auf der Suche nach neuen Käsereien und nimmt besonders gerne Bio- und Demeter-Erzeugnisse aus Kuh-, Ziegen- oder Schafsmilch ins Sortiment. Ein industriell hergestellter Leerdammer kommt deshalb nicht ins Programm, stattdessen so leckere Produkte wie norwegischer Karamellkäse oder schwäbischer Butterkäse. Das schmeckt dann im Fachjargon »pilzig«, »waldig«, »holzig« oder »fruchtig«, was an die Beschreibung von Weinen erinnert, die bekanntlich gut zum Käse passen. Der Käseladen geht deshalb auch auf Tour und präsentiert sich bei Weinfesten und Weinproben.

Einen Steinwurf vom Käseladen entfernt verkauft das »Spritzenhaus« die Ergebnisse der Arbeit des selbst ernannten Rheingau-Affineurs Reiner Wechs und seiner Tochter Anke Heymach. In zwei historischen Gewölbekellern unterhalb des Spritzenhauses und im Erbacher Weingut Jakob Jung (Bild) lagern Spätburgunder-Käse, Zisterzienser-Käse, Honig-Nuss-Käse und andere aus kleinen Molkereien stammende, individuell verfeinerte Spezialitäten.

Den Eltviller Käsekreis schließt der Schweizer Urban Kaufmann, der in seiner Heimat eine Appenzeller Käserei betrieb und nun das Weingut Hans Lang im Eltviller Stadtteil Hattenheim leitet. Sein Wein und Käse werden im Eltviller Käseladen verkauft und auf Schiffsfahrten, am Hattenheimer Weinprobierstand und natürlich auch im Weinladen des Weingutes serviert. Dort gibt es ausnahmsweise keinen Rheingauer Spundekäs.

Adresse Marktstraße 8, 65343 Eltville am Rhein, Tel. 06123/689708 | **ÖPNV**
RheingauLinie bis Bahnhof Eltville oder Bus 171 bis Haltestelle Matheus-Müller-Platz
(von Rüdesheim kommend) oder Bischof-Kilian-Platz (von Wiesbaden kommend) |
Anfahrt B 42, Abfahrt Eltville, Parkplätze sind in der Eltviller Innenstadt ausgeschildert,
ab da 100 bis 300 Meter Fußweg Richtung Rhein und Marktplatz | **Öffnungszeiten**
Mo 15 – 18.30 Uhr, Di – Fr 9.30 – 13.30 und 15 – 18.30 Uhr, Sa 9.30 – 14 Uhr | **Tipp**
20 Meter entfernt steht im Zentrum des Eltviller Marktplatzes der sehenswerte
Springbrunnen mit historischen Wein- und Rheinmotiven.

7 — Der Kiliansring
Zustände wie in der Metropole

In einer Großstadt gibt es viele Facharztpraxen und interdisziplinäre Krankenhäuser. Wenn etwas wehtut, zwickt oder klemmt, ist um die Ecke irgendwo ein Spezialist, der helfen kann. In einer Kleinstadt mit rund 17.000 Einwohnern ist eine solche Versorgungsdichte etwas Besonderes.

Das dachten sich auch Eltviller Ärzte und beschlossen, am und rund um den Kiliansring enger zusammenzustehen. Sie lockten Mediziner noch nicht vertretener Fachbereiche in die Stadt und wuchsen mit ihrer geschlossenen Gemeinschaft an. Eine Art »rotes Telefon«, sagt Internist Dr. med. Eugen Schäfer, »haben wir eingerichtet«. Wenn er bei einem Patienten etwas entdecke, das ein anderer besser behandeln kann, könne er nun direkt beim Arzt anrufen. Der Patient geht ein paar Schritte durch die schöne Altstadt, und schon sitzt er in der nächsten Praxis. Das klappt, spart Zeit und hilft, zufriedene und vor allem gesunde Patienten zu entlassen.

Und die Idee spricht sich herum. Heute kommen Patienten aus weiter Entfernung, um sich hier untersuchen – und heilen – zu lassen. Sogar ein Scheich lässt sich während seiner Zwischenstopps am Flughafen Frankfurt regelmäßig zu Eltviller Fachärzten fahren. Insgesamt 28 niedergelassene Fachärzte sorgen für die vernetzte Versorgung. Die Patienten danken es und füllen die Praxisräume. Kein Wunder, wenn man fußläufig entfernt mindestens je einen Spezialisten für Anästhesie, Augenheilkunde, Chirurgie, Dermatologie, Frauenheilkunde, Hämatologie, Hals-, Nasen-, Ohrenheilkunde, Implantologie, Innere Medizin, Kieferorthopädie, Neurologie, Onkologie, Oralchirurgie, Orthopädie, Psychiatrie, Rheumatologie, Röntgendiagnostik, Schmerztherapie, Urologie und Zahnheilkunde vorfindet. Abgerundet wird der »nachhaltige Kiliansring« durch den Wochenmarkt jeden Donnerstag, eine Apotheke und demnächst die Eltviller Vinothek mit der besten Medizin der Rheingauer: dem Wein.

Adresse Kiliansring 3–7, 65343 Eltville am Rhein | **ÖPNV** RheingauLinie bis Bahnhof Eltville oder Bus 171 bis Haltestelle Matheus-Müller-Platz (von Rüdesheim kommend) oder Bischof-Kilian-Platz (von Wiesbaden kommend) | **Anfahrt** B 42, Abfahrt Eltville-Erbach, weiter nach Eltville und dem Parkleitsystem zum Kiliansring folgen, von dort 150 Meter | **Öffnungszeiten** Kiliansring immer geöffnet, Arztpraxen unterschiedlich, Wochenmarkt mittwochs 8–13 Uhr | **Tipp** Der Kiliansring wird teilweise von der alten Stadtmauer aus dem 14. Jahrhundert zur Altstadt hin abgegrenzt – sehr sehenswert!

8 Der Leinpfad
Asphaltierte Rheinuferattraktion

Ohne Leinpfad keine Schifffahrt. So war es bis zur Erfindung der Motoren. Treidelpferde oder menschliche Treidler zogen die Schiffe mit Leinen. Auch in besonders engen Passagen setzte man für eine sichere Fahrt die Zugtiere ein. Die Zeit der mit Leinen gezogenen Schiffe ist zwar vorbei, doch die Leinpfade sind geblieben und gehören als fester und beliebter Bestandteil zur Kulturlandschaft – als prächtige Uferpromenade wie in Eltville am Rhein und als stark frequentierter Rad- und Wanderweg zwischen Walluf und Rüdesheim.

Vielleicht weil der Leinpfad früher von den zur Zolleintreibung berechtigten Adeligen gepflegt werden musste, wurde er nach deren Zeit stiefmütterlich behandelt. An manchen Stellen wie dem Erbacher Wäldchen (hinter Schloss Reinhartshausen) oder dem Ufer zwischen Winkel und Geisenheim verwilderten Wege und Natur. Für Kinder war das eine tolle Sache zum Versteckspielen und um ungestört im Unterholz zu toben. Vor ein paar Jahren haben Städte und Gemeinden in einer kommunalen Gemeinschaftsaktion den Ausbau und die Verschönerung des Leinpfades beschlossen.

Das bundesweite Programm »Radwege an Bundesfernstraßen« half, die komplette Strecke auszubauen, zu asphaltieren oder – in Naturschutzgebieten – zu pflastern. Wo früher der Staub des Radfahrers an der Spitze die anderen einhüllte und nach starkem Regen Pfützen und unsichtbare Schlaglöcher zur Vorsicht mahnten, wird heute geradelt und gewandert, was das Zeug hält. Unterwegs wurden Bauwerke saniert, Uferpromenaden aufgehübscht, Ausflugslokale modernisiert und Feste neu erfunden. Eine kleine Auswahl an Lokalen: »Schwabbel« (Walluf), »Anleger 511« (Eltville), »Brückenschänke« (Hattenheim), das Gelände am Weinverladekran (Oestrich), neue Weinprobierstände in Mittelheim und Geisenheim und die Auenwälder vor Rüdesheim. Und vom Leinpfad selbst schaut man heute der Schifffahrt zu.

Adresse guter Einstieg am Rheinufer in 65343 Eltville am Rhein, dann weiter bis Rüdesheim | **ÖPNV** RheingauLinie bis Bahnhof Eltville, von dort zu Fuß rund 250 Meter bis zum Rheinufer | **Anfahrt** B 42, Abfahrt Eltville, in der Stadt gibt es ein Parkleitsystem mit vielen Hinweisen zu rheinnahen Stellflächen | **Öffnungszeiten** durchgehend, allerdings im Dunkeln nicht oder spärlich beleuchtet | **Tipp** Überraschungen bieten die Unterführungen unterhalb der Bundesstraße. Dahinter verbirgt sich manchmal eine ganz andere Welt. Der schönste Kontrast dürfte die Unterführung am Schloss Reinhartshausen in Erbach sein: auf der Rheinseite steiniger Uferweg, auf der Schlossseite ein immergrüner, saftiger Schlosspark.

9 Der Rosen-Müller

Und dann duftet die ganze Stadt

Die Gesellschaft deutscher Rosenfreunde verleiht die Bezeichnungen Rosendorf, Rosenstadt und Rosenkreis. Dann gibt es noch einige Rosenmuseen und eine einzige Rosenbibliothek in Zweibrücken. Im Saarland mangelt es ja an vielen anderen Stellen, da gönnt man ihnen neidlos diesen Rosenbibliothekstitel.

Die Stadt Eltville am Rhein war gefühlt schon immer Rosenstadt. Den Anfang machte 1871 Carl Schmitt. Eine halbe Million Rosen hat er zeitweise gehegt und gepflegt. Das brachte ihm und der Stadt Anerkennung bis zum Zaren in Sankt Petersburg. Andere Eltviller pflanzten mit, und zur Jahrhundertwende duftete die ganze Stadt. Zwei Kriege bremsten die Rosenfreunde, doch stoppen ließen sie sich in Eltville nicht. Seit den 1960er Jahren blühen die Rosen wieder in den städtischen Gärten. Die Belohnung: 1988 wurde die Stadt am Rhein als vierte deutsche Kommune offizielle Rosenstadt.

Seitdem werden Rosen gezüchtet, was das Zeug hält. Eine hört auf den Namen »Stadt Eltville«, eine heißt »Schönes Eltville«, eine »Johannes Gutenberg« und eine »Hildegard von Bingen«. Die kurfürstliche Burg ist mit Rosengarten und Rosenkabinett geschmückt, Eltville wählt regelmäßig einen Rosenkavalier in Frack und Zylinder, feiert Rosenbälle, Rosentage und Rosenwochen und verleiht Rosenpatenschaften. Insgesamt 22.000 Rosenstöcke und 350 verschiedene Sorten blühen in Eltville, und natürlich gibt es auch einen Rosenverein. So etwas haben andere Rosenstädte zwar auch, was aber keine hat, das ist ein Rosen-Müller.

Aus ihrem Spitznamen machte die seit den 1950er Jahren mit Schnittrosen beschäftigte Familie Müller den eingetragenen Unternehmensnamen »Rosen-Müller«. Im Frühjahr topft der Chef seine Lieblingsrosensorten vor Ort. Im Sommer kommen Blumenfreunde aus nah und fern für diese beliebten Freiland-Rosensträuße in die Rosenstadt. Dazu importiert der Rosen-Müller ganzjährig Blumen aus Kenia – ohne Umwege und mit Fairtrade-Etikett.

Adresse Schwalbacher Straße 88, 65343 Eltville am Rhein, Tel. 06123/2222, www.rosen-mueller.de | **ÖPNV** RheingauLinie bis Bahnhof Eltville, dann Bus 173 bis Haltestelle Eltville-Friedhof | **Anfahrt** B 42, Abfahrt Eltville/Martinsthal, Beschilderung »Eltville« bis Ortsschild folgen, danach rund 200 Meter | **Öffnungszeiten** Mo–Fr 8–13 und 15–18 Uhr, Sa 8–13 Uhr | **Tipp** Im Eltviller Freibad blühen rund um das Hauptbecken kleine Rosenlandschaften. Der Verein der Freibadfreunde widmet sich zusammen mit Sponsoren, Stadtverwaltung und Rosenverein der Pflege und Erhaltung. Sehenswert und von Mai bis September täglich geöffnet.

10__Über den Dächern

Wein und Kultur pur

In einem kleinen Fachwerkhaus fing es 2004 an. Eine Vinothek sollte die Weine der hiesigen Winzer und Weingüter präsentieren. Ulrike und Ulrich Bachmann hatten die Idee und addierten zu Riesling und Spätburgunder Veranstaltungen mit Wein, Kunst und Kultur. Die »Eltviller Vinothek« wird wohl ins ehemalige städtische Eichamt ziehen. Der Veranstaltungsbereich jedoch hatte seine neue Heimat bereits früher gefunden und schwebt »Über den Dächern von Eltville«. Eine lichte, luftige Wohnung wurde dazu umfunktioniert. Die dazugehörige große Dachterrasse mit Blick über die Dächer der Altstadt gab der Location ihren Namen. Gäste aus nah und fern kommen in den zweiten Stock oberhalb der Post zu unterhaltsamen und fachlich versierten Weinproben.

Feste Termine gibt es für jährlich rund 40 Veranstaltungen, die weniger kommerziell, sondern vielmehr von der Leidenschaft der Gastgeber für Geschichten, Persönlichkeiten und Innovationen geprägt sind. Beispiele gefällig? Im »Eltviller Winzerforum« werden Themen wie »Frauen und Wein«, »Ökologischer Weinbau«, »Klimawandel« oder »Quereinsteiger im Weinbau« in einer Art Talkshow von den Rheingauer Weinerzeugern diskutiert. Da lebt die Philosophie der Weingüter auf, und die Zuhörer bekommen tiefere Einblicke in die Weinszene als irgendwo sonst.

Eine Herzensangelegenheit sind für Ulrich Bachmann die beiden Konzepte »Prominente Rheingauer und ihre Lieblingsmusik« und »Prominente Rheingauer und ihre Lieblingstexte«. Bekannte Einheimische wie der Weinversteigerer Leo Gros, der Maler Michael Apitz oder die Jazz-Legende Bernd Hans Gietz zeigen sich hierbei völlig authentisch und plaudern aus ihrem Leben – inspiriert von der Erinnerung an ihre musikalische und literarische Vergangenheit und begleitet von passenden Weinen. Dazu gibt es Konzerte, Lesungen und moderierte Weinproben mit Käse oder Pralinen – immer mit Blick auf die Altstadt mit ihren schönen Fachwerkhäusern.

Adresse Gutenbergstraße 3, 65343 Eltville (Eingang links neben der Post),
www.eltviller-vinothek.de | **ÖPNV** RheingauLinie bis Bahnhof Eltville | **Anfahrt** B 42,
Abfahrt Eltville-Erbach, weiter nach Eltville und dem Parkleitsystem zum Kiliansring
folgen, von dort 150 Meter | **Öffnungszeiten** je nach Veranstaltung unterschiedlich |
Tipp Auf der Bühne der »Salongesellschaft« in Martinsthal werden nach einer erfolg-
reichen Crowdfunding-Aktion geistvolle Worte und akustische Klänge mit Salonsuppe,
Butterbroten und Rheingauer Wein aufgetischt (Hauptstraße 1 – 3, 65344 Martinsthal,
www.salongesellschaft.de).

11 Die Welt der Hängematte

Drinnen, draußen, sitzend, liegend

»Ein Kinderhochbett«, lautete die Bestellung an Schreiner Thomas Petzold – »aber bitte mit Hängematte«. Der ungewöhnliche Kundenwunsch brachte den Stein ins Rollen oder besser: die Hängematte zum Schwingen. Mit seiner Frau Nici ließ sich der Eltviller von der frei schwebenden Liegestätte begeistern. Die beiden sammelten Informationen, sondierten Hersteller und Ware und machten sich schließlich selbstständig. Ein Onlineshop wurde programmiert und 2013 auch das Ladengeschäft »Welt der Hängematte« in der historischen Eltviller Altstadt eröffnet.

Ursprünglich war die Hängematte ein Fischernetz der Mayas, die ihren Ideenreichtum nutzten und sich in den Pausen kurzerhand auf dem Netz ausruhten. Diese sogenannte Netzhängematte ist in Südamerika auch heute noch verbreitet. In Europa bevorzugt man eine mit Stoffen bespannte Liegefläche, anfänglich ebenfalls von amerikanischen Fischern aus Segeltuch hergestellt und dann über die Meere zu uns gebracht. Das und vieles mehr erfährt man bei den Hängematten-Profis am Platz der Deutschen Einheit gegenüber der Mediathek.

Petzolds sehen in der Hängematte ihre Zukunft. Immerhin ruhen sich bereits rund 100 Millionen Menschen weltweit auf einer aus. Die Rheingauer sollen folgen und können dank des kleinen Ladens von Anfang an alles richtig machen. Zum Beispiel »richtig liegen«: Nicht längs, wie das von Neulingen fälschlicherweise gemacht wird, sondern diagonal erlebt man den Liegekomfort am besten, denn nur so entfaltet sich der Stoff, und man schaut entspannt in den Himmel. Und auch beim Schaukeln geht es in der diagonalen Liegerichtung entspannt von vorne nach hinten – wie in einem Schaukelstuhl.

Die Auswahl ist dabei riesig: Es gibt Baby-, Kinder-, Single- und Doppelhängematten und sogar welche für die ganze Familie, Reisehängematten für den Urlaub, Hängesessel, Gestelle und Ständer und verschiedene Lösungen für drinnen und draußen.

Adresse Rheingauer Straße 24 (Eingang Schlossergasse), 65343 Eltville am Rhein, Tel. 06123/9349339, www.welt-der-haengematte.de | **ÖPNV** RheingauLinie bis Bahnhof Eltville oder Bus 171 bis Haltestelle Eltville-Bahnhof, von dort 200 Meter Fußweg | **Anfahrt** B 42, Abfahrt Eltville, dem Parkleitsystem folgen zu einem der Parkplätze in der Altstadt, von dort jeweils maximal 150 Meter | **Öffnungszeiten** saisonweise unterschiedlich: im Sommer und vor Weihnachten vor- und nachmittags, in den restlichen Monaten meistens nur vormittags; die aktuellen Zeiten stehen auf der Webseite | **Tipp** In der preisgekrönten Eltviller Mediathek gegenüber findet man zwar keine Fachliteratur zum Thema Hängematten, aber eine hessenweit gelobte Leihauswahl an Büchern, Musik und Filmen. Zudem finden kulturelle Veranstaltungen statt.

12___Der Birkenstock

Da haben sich zwei gefunden

Was haben die Freunde des bildhübschen Fachwerkhauses mit seinem charakteristischen Erker und dem romantischen Garten gelitten! Jahrelang wechselten in dem Bilderbuchhof die Gastronomen gefühlt im Jahresrhythmus. Zunächst musste ein gefühlter Wochenlohn für feinste italienische Küchenkunst dran glauben. Danach nochmals italienisch – diesmal günstiger, aber nicht ganz so lecker. Dann kam Fleisch und nochmals Fleisch, und zuletzt servierte ein Veranstaltungsorganisator sonntags einen warmen und kalten Brunch. In der Folge stand Hof Birkenstock – oder einfach nur »Birkenstock«, wie die Einheimischen das Schmuckstück nennen – eine Zeit lang leer, bis das benachbarte Weingut Crass ihn übernahm.

Das Familienunternehmen hatte gerade einen Generationenwechsel vollzogen und suchte nach Jahren in einer einfachen, aber während der Schlemmerwochen dennoch beliebten Scheune eine repräsentativere Location. Da kam das verwaiste Anwesen nebenan gerade recht. Ein Gastraum für Veranstaltungen und Weinproben war vorhanden, in den Anbau passte eine Vinothek, und auch einige Parkplätze, die in den teils engen Gassen von Erbach nicht so einfach zu finden sind, gehörten dazu. Bis alles so weit war, wurde das halbe Haus renoviert.

Nun ist der Sitz des fast 400 Jahre alten Weingutes Crass in den neuen Räumen verankert. Eine Kooperation mit dem Küchenteam um die in der Rheingauer Gastronomie erfahrene Familie Rook ermöglicht einen ganzjährigen Gutsausschank. Jungwinzer Mathias Crass hat dabei den Anspruch, in die Rheingauer Wein-Elite aufzusteigen. Seine Weine weisen bereits in diese Richtung und kassierten von Beginn an Auszeichnungen. Und der neue Sitz des Weingutes bildet den Rahmen für das ehrgeizige Vorhaben. Aber ganz gleich, wie es weitergeht, in dem dreieckigen Birkenhof-Garten mit seinen uralten Linden und seiner heimeligen Pergola muss man gesessen haben.

Adresse Taunusstraße 2, 65346 Erbach, www.weingut-crass.de | **ÖPNV** RheingauLinie bis Bahnhof Erbach, 150 Meter Fußweg | **Anfahrt** über B 42, Abfahrt Eltville-Erbach, über Eltviller Landstraße bis rechts zur Taunusstraße; Parkplatz im Hof | **Öffnungszeiten** Vinothek: Do 14–18 Uhr, Fr 14–18 Uhr, Sa 11–18 Uhr und nach Vereinbarung; Gutsausschank: Mo, Do, Fr ab 17 Uhr, Sa ab 15 Uhr, So ab 11.30 Uhr | **Tipp** Auf der anderen Seite der Hauptstraße liegt das Hofgut Erbach. Dort steht noch immer der Tisch, an dem Sean Connery während der Dreharbeiten für »Der Name der Rose« saß.

13 __ Das Kohlenhäuschen

Genießen im Weinpark des Barons

Die alte Steinmauer an der Straße zwischen Eltville und Erbach wirkt, als befände sich dahinter eine stille Ruine. Bis vor ein paar Jahren stimmte das ein Stück weit: Im 1163 erstmals als Weinkeller des Klosters Eberbach erwähnten »Draiser Hof« gab es lange Zeit nur wenig Publikumsverkehr. Es wurde Wein produziert, ab und an mieteten sich Gäste zum Feiern ein, und auf der anderen Seite der Mauer bauten Erbacher einen Tennisplatz.

Mit der Ruhe ist es nun glücklicherweise vorbei: Das Weingut Baron Knyphausen hat einen Gutsladen eröffnet. Am neuen Wein-Pavillon mit Kinderspielbereich wird ausgeschenkt und gechillt. Ab und an spielen auf der Wiese davor »handgelesene« Live-Musiker, und im Sommer gastiert das »Rheingau Musik Festival«. Einmal im Jahr wird der immergrüne Park mit seinen Weinbergszeilen, dem romantischen Teich inklusive Trauerweide und den alten, teilweise wie zufällig dahingeworfen wirkenden Gebäuden von Tausenden Pilgern bevölkert, die beim »Heimspiel« dabei sein wollen: Der gefeierte Pop-Songwriter Gisbert zu Knyphausen, einer der fünf Söhne des Hauses, lädt musikalische Weggefährten und Freunde zu einem Liebhaber-Festival für die ganze Familie ein.

Mitten auf diesem überraschend weitläufigen Gut steht das Kohlenhäuschen, perfektes Beispiel für die gesamte Architektur der Gutshäuser und seit 1727 Lagerstätte für Kohle und Holz. Seinen ursprünglichen Zweck verlor das Bruchsteinhaus mit dem Einzug moderner Heiztechnik und erhält heute durch Weinproben, Tagungen und Veranstaltungen eine neue Bestimmung. Vom Kohlenhäuschen schaut man auf das als Ferienhaus genutzte Teichhaus, die Erbacher Johanneskirche, den Wein-Pavillon, das Gutshaus und nach ein paar Schritten auch auf das Gutshotel und die alte, schützende Steinmauer. Herrlich und kein Wunder, dass sich auch in der achten Knyphausen-Generation mit Frederik einer gefunden hat, der die Tradition weiterlebt und belebt.

Adresse Erbacher Straße 28, 65346 Erbach | **ÖPNV** RheingauLinie bis Bahnhof Erbach, dann Bus 171 bis Haltestelle Erbach-Evangelische Kirche, von dort zum Ortsausgang Richtung Eltville rund 300 Meter | **Anfahrt** B 42, Abfahrt Eltville-Erbach, Richtung Erbach liegt der Draiser Hof rund 200 Meter entfernt | **Öffnungszeiten** Weinladen: Mo–Mi 10–17 Uhr, Do, Fr 10–19 Uhr, Sa, So 10–16 Uhr; Wein-Pavillon: Fr ab 15.30 Uhr, Sa, So bei schönem Wetter ab 11 Uhr | **Tipp** Für Park- und Gartenfreunde lohnt sich ein Spaziergang vom Draiser Hof am Rheinufer entlang bis zur Eltviller Burg (etwa 1,6 Kilometer). Der dortige Rosengarten ist vor allem zur Blütezeit ein Meer voller Farben und Düfte.

14 Die Mariannenaue
Paradiesische Klimaverhältnisse auf der Insel

Der Rhein wird auf seinem Weg von der Quelle im schweizerischen Graubünden bis zur Mündung in die Nordsee von vielen Auen für ein kleines Stück des Weges geteilt. Die Rheinauen sind Lebensraum für unzählige Tiere und Rastplatz für Zugvögel auf dem Weg nach Süden. In der teils unberührten Natur wachsen viele Arten von Bäumen, Sträuchern und Gräsern. Die klimatischen Bedingungen und die Nähe zum großen Fluss machen die Rheinauen zu einer einzigartigen Landschaft.

»Wir fahren auf die Au« war eine beliebte Freizeitbeschäftigung in der Jugend vieler Rheingauer der 1950er bis 1970er Jahre. Mit Kajaks und kleinen Motorbooten schipperte man von einem der Stege oder einer der Panzerrampen am Rheingauer Ufer zu den Inseln zwischen den Bundesländern Hessen und Rheinland-Pfalz. An manchen Stellen gab es ruhiges Kehrwasser und sandige Strände zum Sonnen und Baden. Es wurde gezeltet, am Lagerfeuer gegrillt und Skat »gekloppt«.

Eines der Ausflugsziele war die Mariannenaue. Die größte Insel im Rhein entstand vor 10.000 Jahren aus Kalksteinablagerungen, die aus den Alpen hierhergeschwemmt wurden. Seit 1800 gehört sie zum Besitz des gegenüberliegenden Schlosses Reinhartshausen. Ein Wirtschaftshof mit Lager und ehemaligen Wohnräumen ist das optische Zentrum der Au, die 1973 zum Naturschutzgebiet erklärt wurde. Heute wachsen auf Schwemmkies und Auenlehm Chardonnay-, Sauvignon-Blanc- und Weißburgunder-Trauben, mit denen das Weingut des Schlosses die unvergleichlichen »Inselweine« ausbaut. Regelmäßig lädt die Weingutsfamilie Lergenmüller Gäste auf die Insel ein. Mit einer alten Personenfähre tuckern die kleinen Gruppen zum Inselsteg. Mitarbeiter führen ein kleines Stück über die Insel. Zum Abschluss gibt es ein Glas Inselwein in der Kelterhalle oder dem Weingutshof mit angeschlossener Vinothek. Ab 15 Personen wird die Inselführung auch individuell durchgeführt.

Adresse Hauptstraße 41, 65346 Erbach, Tel. 06123/7504813, www.schloss-reinhartshausen.de |
ÖPNV RheingauLinie bis Bahnhof Erbach, dann Bus 171 bis Haltestelle Erbach-Markt |
Anfahrt B 42, Abfahrt Eltville-Erbach (aus Richtung Wiesbaden) oder Erbach-Hattenheim
(aus Richtung Rüdesheim), Parkplätze am Hotel Schloss Reinhartshausen | **Öffnungszeiten**
Vinothek: täglich 10–18 Uhr; Gutsausschank: Mo, Do, Fr ab 16 Uhr (im Winter ab 17 Uhr),
Sa, So und feiertags ab 10 Uhr | **Tipp** Ein dreiminütiger Spaziergang von der Anlegestelle der
Inselfähre gen Osten führt zu einer Straßenunterführung, hinter der die Winzer am »Erbacher
Weintreff« ausschenken.

15 Die Martin-Luther-Linde
Von Liebe, Tod und Großzügigkeit

Sie steht zwischen Johanneskirche und Pfarrhaus. Genau 400 Jahre nach Luthers Geburt setzten Erbacher Protestanten am 10. November 1883 die heute stattliche Linde. Die Tradition, Bäume zum Gedenken an den großen Reformator zu pflanzen, ist weit verbreitet. Luther selbst sorgte für die Idee: »Wenn ich wüsste, dass morgen die Welt unterginge, würde ich heute noch ein Apfelbäumchen pflanzen«, soll er gesagt haben. Meistens wurden Eichen, manchmal auch Buchen oder Linden statt der kurzlebigeren Apfelbäume gesetzt.

In Erbach steht die Linde gegenüber einer nur drei Monate jüngeren Eiche. Diese erinnert an Philipp Melanchthon, den Weggefährten Luthers. 18 Jahre zuvor war an diesem Standort die erste evangelische Kirche des Rheingaus eingeweiht worden. Ihre Geschichte erzählt von Liebesglück, tödlicher Tragik und sozialem Engagement. In Kurzform: Die Prinzessin der Niederlande, Marianne von Oranien-Nassau, heiratete Prinz Albrecht von Preußen, trennte sich aufgrund seiner Untreue von ihm und fand in ihrem Kutscher die wahre Liebe. Das nicht standesgemäße Paar erwarb Schloss Reinhartshausen und lebte dort mit dem gemeinsamen Sohn Johann Wilhelm. Doch das Glück hielt nicht lange. Der Sohn starb mit nur zwölf Jahren an Scharlach und hinterließ bei seiner gläubigen Mutter den Wunsch nach einer evangelischen Kirche.

Die ohnehin sozial und kirchlich engagierte Prinzessin schenkte der Gemeinde ein Grundstück und genügend Geld zur Finanzierung des Kirchenbaus, eines Pfarrhauses und einer Pfarrstelle. In der Kellergruft der Kirche fand ihr Sohn seine letzte Ruhestätte. Der Baum wurde nicht zufällig im Todesjahr der Prinzessin gepflanzt – er ist eine Erinnerung an die großzügige Spenderin. Im Kircheninneren finden sich übrigens Porträts der Namensgeber der beiden Bäume auf dem Kirchenhof. 2015 waren diese bei umfassenden Renovierungsarbeiten überraschend entdeckt worden.

Adresse Eltviller Landstraße 20, 65346 Erbach | **ÖPNV** RheingauLinie bis Bahnhof Erbach (zu Fuß rund 450 Meter) oder Bus 171 bis Haltestelle Evangelische Kirche | **Anfahrt** B 42, Abfahrt Erbach / Eltville, dann in Richtung Erbach (600 Meter nach Abfahrt); Parkplätze im Innenhof und an der Straße | **Öffnungszeiten** Kirchenhof immer geöffnet | **Tipp** Von der evangelischen Johanneskirche bis zur katholischen Sankt-Markus-Kirche führt der Weg an historischen Villen und Fachwerkhäusern vorbei.

16 Der Obstgarten der Hellwigs

Über die Tücken des Eigenheimbaus

Eigentlich war die Wohnsituation der Familie Hellwig in Erbach final geklärt. Man lebte in einer geräumigen Mietwohnung und hatte alles, was man brauchte. Die Kinder würden irgendwann ausziehen, und was sollten die Eltern dann mit einem ganzen Haus? So weit die Überlegungen von Familienvater Gerhard Hellwig. Doch der hatte die Rechnung ohne seinen Vermieter gemacht, der Eigenbedarf anmeldete und somit die Zukunftspläne der Hellwigs über den Haufen warf.

Die Familie bekam ein gutes Angebot für ein Baugrundstück im Ort und sprang über ihren Schatten. Man besichtigte den neuen Grund, fand darauf mehrere ein halbes Jahrhundert alte Obstbäume und beschloss, nur die Bäume zu fällen, die dem künftigen Eigenheim weichen mussten. Alle anderen blieben stehen und brachten direkt nach Einzug reiche Ernte. Das damals nördlichste Erbacher Haus wurde zur Obsthochburg. Kistenweise stapelten sich Äpfel und Birnen. Hellwig fuhr zur damaligen Obstmarkthalle und bot seine Früchte an. Doch dort hatte man kein Interesse und schickte den frischgebackenen Obstbauern wieder weg.

Das viele Obst war weder allein noch mit Freunden zu verzehren. Da kam dem heutigen Rentner eine Idee: Ein guter Obstbrand könnte die Ernte veredeln. Er fand im rheinhessischen Heidesheim die Edelobstbrennerei Heiser, die auch mit seinen für eine Brennerei eher kleinen Mengen produzierte. Die Schnapsflaschen konnten nun verschenkt oder gelagert werden. Mit jeder Ernte wurden es mehr und der verfügbare Platz immer kleiner. Mit dem Hofladen »Querbeet« von Silvia Post fand sich eine Verkaufsstelle in der Gartenstraße, die mit Holzfrüchten und Holzmedaillons ausgestattete Flaschen anbietet: »Gellert's Butterbirne« und den mindestens zwei Jahre im Limousin-Eichenfass gereiften »Obstbrand«. Wer Hellwigs Obstgarten sehen möchte, geht hinters Haus oder klingelt. Die Familie freut sich über Besuch.

Adresse Im Klemenacker 28, 65346 Erbach, Tel. 06123/63252 | **ÖPNV** RheingauLinie bis Bahnhof Erbach, von dort 1,2 Kilometer durch Ringstraße und Hallgarter Straße in den Klemenacker | **Anfahrt** B 42, Abfahrt Erbach, über Marktplatz, Eberbacher und Hallgarter Straße in den Klemenacker | **Öffnungszeiten** nicht festgelegt; Einlass nur bei Anwesenheit der Familie | **Tipp** 400 Meter von Hellwigs entfernt schenkt der bekennende HSV-Fan Heinz Koch von Januar bis Ende März und im November seine gradlinigen Weine in der einfachen Straußwirtschaft (Eberbacher Straße 89) aus.

17 Das Wohnhaus und Weingut Charly Nägler

Genau wie bei Papa, Opa und Uropa Nägler

Winzer sind Gastgeber und versuchen heutzutage, es ihren Gästen möglichst schön zu machen. Dazu bauen sie um, an und neu, renovieren, sanieren und tapezieren, engagieren Innenarchitekten, kaufen neue Möbel und streichen die Eingangstüren. Früher war das anders: Da sammelte der Weinbauer alle Sitzmöbel und Tische in seinem Weingut und stellte diese in die Scheune und den Hof. Einmal im Jahr empfing er dann seine Kundschaft, schenkte die neuen Weine aus und schmierte Brote für die Hungrigen. Wer von den Weinbauern Unterhaltungstalent besaß, erzählte Geschichten oder stimmte ein Lied an. So war das früher – und so ist es in einem unscheinbaren Hof in Erbach immer noch.

»Straußwirtschaft ›Charlys Kelterhaus‹ öffnet wieder«, steht auf einem Blatt, das mit Klebestreifen auf einem Holzschild in Form eines Römers befestigt wurde. Charly Erbach, wie ihn seine Fans nennen, ist eine Institution. Er ist Winzer im Nebenberuf, vor allem aber Musiker und als solcher zwischen Alleinunterhalter-Orgel und Jazz-Piano seit über vier Jahrzehnten unterwegs. Den ganzen Juni hindurch stellt er Eckbänke und Holzstühle – mit Kisschen darauf – um Tische mit karierten Decken in den Hof. Ein paar Biergarnituren helfen, wenn es voll wird. Aus der Küche kommen Hausgemachtes, Handkäs mit Musik, geschmierte Brote oder Frikadellen. Aus der Flasche kommen ein Milder und ein Trockener und vom Klavier die Musik. Charly spielt Sinatra, Billy Joel und die Beatles, seine Frau Raphaela singt »Lieblingslieder«, und andere Gäste bringen Jazziges oder Klassisches mit. »Charlys Kelterhaus« will den »ursprünglichen Gedanken der Straußwirtschaft aufrechterhalten«. Wie vor 100 Jahren. Und genauso macht er auch seinen Wein: per Handarbeit mit freiwilligen Helfern im Weinberg und mit der Kellertechnik des Großvaters. Das Ergebnis ist ein Kulturereignis mit außergewöhnlichem Gastgeber.

Adresse Weingut Charly Nägler, Friedrichstraße 2, 65346 Erbach, Tel. 06123/62284 |
ÖPNV RheingauLinie bis Bahnhof Erbach, von dort 300 Meter Fußweg, oder Bus 171 bis
Haltestelle Erbach-Markt, von dort bergauf in die Eberbacher Straße, dritte Straße rechts |
Anfahrt B 42, Abfahrt Eltville-Erbach, über Eltviller Landstraße und Hauptstraße rechts
in die Taunusstraße, dann zweite Straße links | **Öffnungszeiten** 1.–30. Juni Mo–Fr ab
17 Uhr, So ab 11 Uhr mit Frühschoppen; Weinverkauf nach telefonischer Anfrage | **Tipp**
Wenn's bei Charly mal keinen Platz gibt, einfach zum benachbarten Weingut Jung-Dahlen
in die Neugasse 9 schlendern. Da warten ein liebevoll dekorierter Innenhof mit Scheune
und ein kleiner Bilderbuch-Weinkeller.

18 Das Gasthaus »Zur Linde«
Blühendes musikalisches Dorfleben

Eine Dorfkneipe hatte früher jeder Ort. Zentral gelegen gab es traditionelle gutbürgerliche Küche und feste Stammtische. In Zeiten größerer Mobilität und gesunkener Identifikation der Anwohner mit ihrer Gemeinde haben es diese Gaststätten schwer. Doch je tiefer man ins Land fährt, umso höher die Chance, eine solche Institution noch in voller Blüte zu finden.

Fahren wir am Rhein entlang nach Lorch ans Ende des Rheingaus. Von hier geht es über von Motorradfahrern geliebte Kurven ins Wispertal und zu den Lorcher Stadtteilen. Nordöstlich auf der Höhe liegt der ehemals von Bundeswehrsoldaten bevölkerte Ranselberg. Etwas weiter Sauerthal mit seiner Sauerburg – einer der Höhepunkte des Weltkulturerbes Mittelrheintal. Und ganz oben finden sich Ransel und Wollmerschied. Am weitesten entfernt liegt Espenschied, der nördlichste Ort des Rheingaus. Rund 330 Einwohner leben in dem Luftkurort mehr als 400 Meter über dem Meeresspiegel.

Der Premiumwanderweg »WispertalSteig« startet und endet hier. 1670 wurde die erste Dorflinde gepflanzt und nach gut 300 Jahren wegen Fäulnis gegen ein jüngeres Modell eingetauscht.

Die Dorfwirtin Helga Elben-Naderhoff im Gasthaus »Zur Linde« freut das. Ihre Familie weilt seit 1921 namentlich korrekt am Dorfbaum. Das Gasthaus macht bis auf mittwochs und donnerstags ab 17 Uhr auf und kassiert zivile Preise. Das teuerste Essen ist die Wisperforelle, am günstigsten kommt man bei der Kartoffelsuppe weg. Frisch gezapftes Bier, ein Lorcher Schoppen und andere Getränke gehören zu den günstigsten im gesamten Rheingau. Immer sonntags öffnet die Linde bereits um elf Uhr. Dann werden hier wie schon seit 40 Jahren beim Frühschoppen alte Volks- und Schunkellieder gesungen, die man noch aus der Schule kennt. Und wenn nicht, werden Liederhefte und – man glaubt es nicht – Lesebrillen verteilt. Spontan setzen sich die Gäste ans Klavier oder begleiten auf dem Akkordeon. Dann bleibt die Zeit stehen in der Linde an der Linde, und das Dorfleben blüht.

Adresse Kirchweg 3, 65391 Espenschied, Tel. 06775/425, www.gasthaus-zur-lin.de | **ÖPNV** Bus 211 ab Bad Schwalbach oder Bus 191 ab Eltville, Geisenheim oder Lorch bis Espenschied, Haltestelle Welteroder Weg | **Anfahrt** B 42 bis Lorch, dann auf die Landesstraße 3033 (Wisperstraße) bis Abfahrt Espenschied, von der Hauptstraße links ab in die Kirchstraße; alternativ über Kiedrich, Hausen und Niederglachbach den Schildern ins Wispertal folgen | **Öffnungszeiten** Mo, Di, Fr, Sa ab 17 Uhr, So ab 11 Uhr | **Tipp** Espenschied hat ein zweites gastronomisches Highlight: Der Gasthof Dorfschänke liegt keine 100 Meter entfernt und serviert – laut meinem engsten Familienkreis – die besten Rumpsteaks zu dörflichen Preisen.

19__Die Flörsheimer Warte

Hier kam keiner vorbei

Wehrtürme sind dafür da, sich zu wehren. An meist erhabenen Stellen stehen sie und ermöglichen es so, den Feind frühzeitig zu erspähen, um sich erfolgreich zu verteidigen. Vier solcher Wehrtürme ließen die Mainzer Erzbischöfe im 15. Jahrhundert bei Wicker und Flörsheim errichten. Man wollte gewappnet sein, wenn räuberische Banden aus den Taunuswäldern anrückten und die rechtsrheinischen Besitztümer in Kastel, Kostheim, Flörsheim und Hochheim angriffen. Bis 1807 wurden die Türme abgerissen und ihre Mauersteine für andere Bauten in der Region verwendet.

Eigentlich schade, dachten sich die Einheimischen und beauftragten einen Architekten mit der Rekonstruktion. Franz-Josef Hamm baute 1996 einen 30 Meter hohen Turm in der Nähe des ehemaligen Standortes. Nun kann man vier Etagen hinauf und sich von ganz oben vergewissern, dass hier kein Mensch ungesehen vorbeikam. Die atemberaubende Aussicht reicht bis zur Skyline von Frankfurt am Main, über die Flörsheimer Häuser bis in den Odenwald und an den Hochheimer Hochhäusern vorbei ins Mainzer Hinterland und zum Rhein. Sogar Teile des westlichen Rheingaus hinter Wiesbaden kann man erahnen. Und in unmittelbarer Nähe findet man noch Reste der alten Flörsheimer Warte.

An so einem schönen Ort wollte man länger verweilen, Rast machen können, und so wurde erst in einem kleinen, dann in einem größeren Nebenbau Gastronomie installiert. Spaziergänger, Wanderer und Radfahrer kommen bei schönem Wetter in Scharen und nehmen auf einfachen Bierbänken zwischen Weinbergzeilen im Schatten des Wehrturms Platz. Es ist trotz der vielen Menschen ruhig, auch weil die Anfahrt mit dem Auto hierher verboten ist. Die für Weinschenken typischen Kleinigkeiten zum Essen holt man sich an der Theke selbst. Die Weine ebenso, die auf Wunsch der einheimischen Winzer vor allem aus den Flörsheimer und Wickerer Kellern stammen.

Adresse Landwehrweg, 65439 Flörsheim, Tel. 06145/5849407, www.floersheimer-warte.de |
ÖPNV S 1 von Frankfurt oder Wiesbaden bis Bahnhof Flörsheim, dann Bus 817 oder 819
von Flörsheim oder Hochheim am Main bis Haltestelle Wicker-Flörsheimer Straße; von
dort durch die Straße An der Warte | **Anfahrt** B 40 bis Wicker oder Flörsheim, je nach Stand-
ort sind es rund 800 bis 1.500 Meter bis zur Warte (der Turm ist spätestens ab Wicker nicht
zu übersehen) | **Öffnungszeiten** Mai – Okt. Mo – Fr ab 12 Uhr, Sa, So ab 10 Uhr, feiertags ab
11 Uhr; Nov. – April Fr ab 14 Uhr, Sa ab 12 Uhr, So ab 11 Uhr | **Tipp** Von der Warte führt ein
1,4 Kilometer langer Wanderweg am Wickerbach entlang zum urigen Gasthof Wiesenmühle
mit »Omas Küche« und – 100 Meter weiter – zum skurrilen Aussichtspunkt »Eisenbaum«.

20 _ Der Alte Friedhof

Erholung zwischen historischen Gräbern

New York hat den Central Park, Wiesbaden den Warmen Damm und Geisenheim den Alten Friedhof. Eine Stadt, die etwas auf sich hält, besitzt einen Park zum Ausruhen und Entspannen. Und dieser historische und doch ganz neue Park an der Hospitalstraße ist außergewöhnlich.

Anfang des 19. Jahrhunderts wurde hier ein Friedhof außerhalb der Stadtgrenzen angelegt. Nach dem Ersten Weltkrieg kam ein Ehrenfriedhof hinzu. Mit dem Bau des neuen Friedhofs war die Funktion als letzte Ruhestätte hinfällig, und die Stadt begann 2007 mit der Umgestaltung zu einer Parkanlage – auch für das gegenüberliegende Pflegeheim.

Über den Ehrenfriedhof erreicht man an einem mit Säulen versehenen Ehrentempel vorbei den 250 Meter langen und bis zu 60 Meter breiten Park. Der alte Baumbestand zwischen historischen Begrenzungsmauern und die zugewachsenen Wege verleihen ihm seinen ureigenen Charakter. Die nordöstliche Aussicht auf die Weinberge der erstklassigen Geisenheimer Weinlage Rothenberg und der angrenzende Blaubach helfen beim Genießen. Es ist ruhig im Park, nur wenige kommen hierher. Dabei ist ein Spaziergang an den teilweise denkmalgeschützten Grabstätten vorbei auch ein Gang durch die Geschichte der Stadt.

Am auffälligsten ist das Mausoleum der Familie von Lade. Im Gedenken an den Begründer der Königlich-Preußischen Lehranstalt für Obst- und Weinbau, Eduard von Lade, wird das Haus mit Giebel und Kreuz über dem Eingang erhalten. Auch die Grabmale von Jakob Burgeff, dessen Sohn Carl in Hochheim am Main 1837 eine Sektkellerei gründete, und der Familie des Malers Friedrich Carl Joseph Simmler bleiben stehen. Die Grabmale stören nicht, sondern ergänzen den Eindruck eines alten Parks. Und sie helfen dabei, die Atmosphäre respektvoll und ruhig zu halten. Schön, dass Geisenheim den Alten Friedhofpark hat.

Adresse Hospitalstraße, gegenüber dem Marienheim (Hausnummer 23), 65366 Geisenheim | **ÖPNV** RheingauLinie bis Bahnhof Geisenheim, dann Bus 181 bis zur Haltestelle Altenheim Hospitalstraße | **Anfahrt** B 42, Abfahrt Geisenheim / Campingplatz, dann der Beschilderung Richtung Marienthal folgen, hinter der Bahnunterführung rechts und danach die dritte links abbiegen | **Öffnungszeiten** durchgehend | **Tipp** Vom Friedhof führt der Kreuzweg zur Nothgottesstraße und hinauf Richtung Marienthal. Auf der linken Seite liegt mit einem Türmchen verziert das Weingut Schumann-Nägler, das älteste Familienweingut im Rheingau (26. Generation seit 1438).

21 Der Auenwald
Stille, verwunschene Biotope

Es ist nur eine Vermutung, aber als J. R. R. Tolkien seine berühmte Fantasy-Reihe »Der Herr der Ringe« schrieb und das Auenland erfand, müsste er einen Auenwald als Vorbild im Kopf gehabt haben. Zumindest sind die beschriebenen Landschaften so naturbelassen und vielfältig, so verwunschen und teilweise undurchdringlich wie das vermeintliche Vorbild. Ein echter Auenwald liegt an fließenden Gewässern und ist dem Wechsel von Hoch- und Niedrigwasser ausgesetzt.

Ein solcher Auenwald befindet sich – mit sehr kleinen Schildchen gekennzeichnet – zwischen dem Geisenheimer und dem Rüdesheimer Campingplatz. Besonders das Teilstück zwischen Rüdesheimer Hafen und dem Rhein, teilweise eine Art Halbinsel, ist sehenswert. Hierhin verirren sich weniger Radler und Spaziergänger als an andere Stellen des Leinpfades, führt der asphaltierte Weg doch parallel zur Bundesstraße ohne Umweg nach Rüdesheim. Hier sind auch keine Autos und kein Bahnlärm zu hören.

Die Natur scheint hier noch in Ordnung. Nachts kann man Fledermäuse und Uhus beobachten. Am Tage streiten sich Bussarde, Habichte, Reiher und Schwäne um die besten Plätze. Sogar ein Biber und Rehe wurden gesichtet. Uralte Bäume wie die seltenen Schwarzpappeln füllen zusammen mit Stieleichen, Feld- und Flatterulmen, Gemeinen Eschen und Berg-Ahorn den verwilderten Wald. Dazwischen wachsen kleinere Pflanzen wie Feld-Ahorn, Wildäpfel und -birnen, roter Hartriegel, der Gemeine Schneeball, Schwarzer Holunder und Weißdorn und verdichten die freien Stellen.

Das Rüdesheimer Forstamt kümmert sich neben der Pflege des rund 18.300 Hektar großen Rheingauer Waldes um das sogenannte Hartholzauen-Projekt »Lachaue«. Die Vielfalt ist gewollt und in vielen Teilen von den Mitarbeitern gepflanzt. Renaturalisierung lautet das Stichwort, das Pflanzen, Tiere, den naturverbundenen Menschen und den einen oder anderen »Der Herr der Ringe«-Fan gleichermaßen erfreuen dürfte.

Adresse am besten am oder in der Nähe des Geisenheimer Campingplatzes parken: Am Campingplatz 1, 65366 Geisenheim | **ÖPNV** ab Wiesbaden oder Rüdesheim Bus 171 bis Haltestelle Geisenheim-Rheinufer, von der B 42-Unterführung zum Rheinufer und dann immer flussabwärts | **Anfahrt** B 42 bis Abfahrt Geisenheim-Campingplatz | **Öffnungszeiten** durchgehend | **Tipp** Spannender, als man denkt: Im Rüdesheimer Forstamt (Zum Niederwalddenkmal 15) gibt es Brennholz, Wildfleisch, Lehrkurse für Kinder, Walderlebnistouren und Motorsägen-Lehrgänge.

22 Die Echter Quelle

Rasten am nicht mehr trinkbaren Mineralbrunnen

Auf dem Leinpfad nach Rüdesheim, nur ein paar Schritte hinter dem Geisenheimer Campingplatz, steht ein kleines rot-weißes Steinhaus mit vier Säulen und einem runden Dach. Von Weitem denkt man an ein Madonnen-Häuschen, doch von Nahem kann man einen klären-den Text auf dem Gebäude lesen.

Die Echter Quelle ist ein Zufallsfund. Bei Bohrungen für den Bau der am Ende des Zweiten Weltkrieges zerstörten Hindenburg-brücke wurde sie entdeckt. Aus einer Tiefe von 24 Metern förderte der Reichsgraf von Ingelheim-Echter hochmineralisiertes thermales Grundwasser. Die Analyse des Wassers fiel positiv aus, und so tranken die Geisenheimer bis 1988 ihr eigenes Mineralwasser. Über die Boh-rung wurde der heute noch sichtbare Quellpavillon gebaut, und Wasser sprudelt immer noch. Zum Trinken ist das jedoch nicht mehr, denn eine Zulassung für Trinkwasser fehlt. Inhaber Franz Fuchs, dessen Fa-milie als letzter Betreiber das Mineralwasser produzierte, hat das Land der Stadt Geisenheim verpachtet, die gemeinsam mit Privatinitiativen und dem Anglerverein für Erhalt, Verschönerung und Ordnung sorgt.

Rund um die Quelle lädt eine Wiese zum Verweilen am Rheinufer ein. Oberhalb hat sich der Anglerverein ein Stück Land gesichert. Das ruhige Fleckchen Erde ist nicht nur bei Spaziergängern beliebt, auch Schwäne, Gänse, Reiher und Bussarde sind hier häufig zu ent-decken. Die Oase soll weitgehend so bleiben, auch wenn bei der im gesamten Rheingau fortschreitenden Rheinufer-Entwicklung rund-herum Veränderungen stattfinden werden.

Ein klassisches Picknick ist die beste Wahl für einen kulinarischen Genuss vor Ort, denn direkt an der Quelle gibt es kein gastronomi-sches Angebot. Wer lieber bedient werden will: Keine 100 Meter auf dem Leinpfad in Richtung Geisenheim belebt die »Strandper-le«, ein klassischer Stadtstrand mit Liegestühlen und Sitzecken im Sand, das Rheinufer. Zu trinken gibt es dort allerdings »nur« Ros-bacher Mineralwasser.

Adresse Am Rheinufer / Nähe Campingplatz, 65366 Geisenheim | **ÖPNV** RheingauLinie bis Bahnhof Geisenheim, dann Bus 171 bis Haltestelle Rheingauresidenz, über die B 42 laufen | **Anfahrt** B 42, Abfahrt Geisenheim-West, dann Richtung Rhein blickend links einen Parkplatz suchen und anschließend zu Fuß nach rechts ungefähr 100 bis 200 Meter dem Leinpfad folgen | **Öffnungszeiten** durchgehend | **Tipp** Auf den benachbarten Rhein-wiesen findet im Sommer das »Besser als Nix«-Festival statt, und ein paar Schritte weiter lädt griechisch-deutsche Küche im Bootshaus zur herrlich gelegenen Einkehr.

23 Das Linden-Theater

Der letzte Mohikaner

Ein einziges Kino im Rheingau hat überlebt. Das Linden-Theater in Geisenheim zeigt als letztes Lichtspielhaus das aktuelle Filmangebot. Eigentlich war auch hier das Ende schon beschlossene Sache, kein Nachfolger war für das veraltete und renovierungsbedürftige Kino in Sicht. Doch einer Initiative des Sankt Vincenzstifts Aulhausen verdanken die Rheingauer den Fortbestand.

Das Linden-Theater Geisenheim wurde 1929 unter dem Namen »Rheingold« im damaligen Frankfurter Hof ins Leben gerufen. Einen Stummfilm gab es zur Premiere. 1949 zog man an den heutigen Standort. Das Geisenheimer Kino ist für gleich mehrere Generationen fester Bestandteil der Jugenderinnerungen. Hier wurden die ersten Dates erlebt, hier zeigten die Rheingauer Schulen lehrreiche Filme, und hier schaute man die großen Premieren und erlebte legendäre Filmnächte, die bis in die Morgenstunden dauerten.

Am 1. Januar 2011 übernahm das Sankt Vincenzstift das Kino im maroden Zustand und beantragte Zuschüsse für die Idee, Menschen mit und ohne Beeinträchtigung hier gemeinsam arbeiten zu lassen. Der Zuspruch war gut und mündete in den deutschlandweit ersten Kino-Integrationsbetrieb. Die Zuschüsse reichten für die Umstellung auf die digitale Technik. Neue Leinwände, Akustik und schließlich auch Möbel und Ausstattungen – selbstverständlich barrierefrei – folgten. Die Mitarbeiter betätigen sich als Kartenkontrolleure, Popcorn- und Eisverkäufer, Platzanweiser und Reinigungskräfte, nehmen Lieferungen entgegen oder bereiten das Kino für die nächste Vorstellung vor. Das Kino im ebenfalls ländlichen Nastätten teilt seine Erfahrungen mit den Geisenheimern und unterstützt und berät das Team bei der Filmauswahl und der Werbung. Der nach der Eröffnung gegründete Förderverein »Freundeskreis Linden-Theater Geisenheim« sorgt für weitere Finanzierungshilfen und sucht ständig Filmbegeisterte, denen ein letztes Kino im Rheingau wichtig ist.

Adresse Winkeler Straße 54, 65366 Geisenheim, Tel. 06722/8008 | **ÖPNV** RheingauLinie bis Bahnhof Geisenheim, von dort 100 Meter Fußweg | **Anfahrt** von der B 42 aus Wiesbaden zweite Geisenheimer Ausfahrt, links in die Chauvignystraße, rechts in die Schmittstraße und wieder links in die Winkeler Straße abbiegen | **Öffnungszeiten** Kasse täglich 14–20.30 Uhr | **Tipp** Vor dem Kinobesuch kann man gegenüber im Barockbau des ehemaligen Gasthauses und Hotels Frankfurter Hof Eis aus frischen Früchten in der »Gelateria Italia« genießen.

24 Der Longfellow-Brunnen

Frühmesse, Frühstück und Fachwerkhäuser

Die Schule schwänzen kann man durch einfaches Fernbleiben. Als Schüler des Rheingaugymnasiums hatte man früher zwei Möglichkeiten: Unternehmungslustige weilten im Kino oder in der »Libby« bei den in den 1980er Jahren neuartigen Videospielen »Crazy Kong« oder »Looping«. Genießer nahmen dagegen im Café am Dom Platz und genehmigten sich einen Kakao oder – ab der Oberstufe – ein Bierchen.

Die Videospiele sind verschwunden, das Café gibt es immer noch. 2009 übernahmen die Brüder Stefan und Marcus Pretzel das malerisch gelegene Haus mit vielen Außenplätzen innerhalb der autofreien Fußgängerzone. Die Pretzel-Brüder brachten das Haus, das schon der Familie Volz zu Ehren gereicht hatte, mit vielen Ideen und internationaler Erfahrung eine weitere Stufe nach oben – bis in die »Feinschmecker«-Liste der besten Cafés in Deutschland.

Das Café am Dom ist nur einer der sehenswerten Punkte auf dem Bischof-Blum-Platz. Im Zentrum ragt der »Rheingauer Dom« in die Höhe, der eigentlich gar kein Dom ist, aufgrund seiner Größe aber von den Rheingauern so genannt wird. Rund um die katholische Kirche sind mehrere historische Gebäude und Denkmäler gut erhalten. Eines davon ist der versiegte Longfellow-Brunnen, der zu Ehren des amerikanischen Dichters Henry Wadsworth Longfellow aufgestellt wurde. Der 1807 in Massachusetts geborene Schriftsteller reiste mehrfach nach Europa, lernte Deutsch und bewunderte die deutschen Romantiker und Goethe. In einem seiner wichtigsten Werke, der »Golden Legend«, besingt er die Schönheit des Rheins und auch den Geisenheimer Dom: »Von Geisenheim die Glocken sind es, die mit dem süß wehmüt'gen Klang einläuten – Sonnenuntergang«. Die »Herbstsonne am Rhein« hatte es ihm angetan, und so sitzt man am Dom, im Café oder auf einer der Parkbänke auch im Sinne des amerikanischen Touristen Longfellow heute noch am allerliebsten in der warmen Abendsonne.

Adresse Bischof-Blum-Platz, 65366 Geisenheim, Tel. des Cafés 06722/4025238 | **ÖPNV** RheingauLinie bis Bahnhof Geisenheim, von dort zu Fuß über Berliner Straße, Behlstraße und Römerberg | **Anfahrt** von der B 42 aus Wiesbaden über die zweite Geisenheimer Ausfahrt, links in die Chauvignystraße, rechts in die Zollstraße und dort auf einen kleinen Parkplatz vor dem Dom | **Öffnungszeiten** durchgehend | **Tipp** Der »Rheingauer Dom« und die darin stehende Orgel von 1842 der Gebrüder Grimm ist rund um die täglichen Gottesdienste zu besichtigen.

25__Der Offermannweiher

Dem natürlichen Konzert lauschen

Einer der großen Flüsse Europas und das dominierende Gewässer im Rheingau ist unser Vater Rhein. Sein Südwestknick zwischen Mainz und Wiesbaden prägt die Kulturlandschaft seit Jahrtausenden. Wer schwimmen möchte, springt nach Zeiten der chemischen Verunreinigung wieder hinein. Wer es sportlich mag, paddelt ein Stück auf den Wogen. Und wer Geburtstag hat, fährt mit der Bingen-Rüdesheimer Fahrgastschifffahrt an seinem Jubeltag umsonst.

Bäche aus den Taunushöhen speisen den Rhein im Rheingau. Einige davon halten unterwegs an, bilden kleine Teiche und schaffen Oasen für Flora und Fauna. Einer von ihnen ist der Offermannteich, auch Offermannweiher genannt. Sein Name ist eine Verbeugung vor Karl Offermann, der sich im Rheingau als Revierförster engagierte und für den künstlich angelegten Teich verantwortlich zeichnet. Lange fristete das stille Wasser am Waldwanderweg eher ein zurückgezogenes Dasein. Ein vom kommunalen Zweckverband »Naturpark Rhein-Taunus« runderneuerter Wassererlebnispfad hat dies geändert. Die Aufmerksamkeit stieg, und fast jedes Rheingauer Kind wird nun in seiner Schulzeit den kleinen Weiher westlich von Marienthal kennenlernen.

Am schnellsten erreicht man ihn über den Parkplatz »Brünnchen« an der waldreichen Kreisstraße 630, die von Geisenheim nach Presberg und ins Wispertal führt. Von dort läuft man 400 Meter und lernt unterwegs auf einem ersten Schild den natürlichen Kreislauf des Wassers kennen. Weitere Schilder rund um den Teich berichten von der Bedeutung des Wassers und der am und im Wasser lebenden und wachsenden Tier- und Pflanzenwelt. Und davon gibt es reichlich: Frösche, Kröten, Molche, Salamander und Unken quaken hier. Libellen stimmen mit ihren Flügeln in das Konzert ein. Algen und Seerosen, Ringelnattern, Käfer und Schnecken füllen die natürlich schöne Kulisse. Am besten hört man das Orchester von einer der Bänke am Ufer aus.

Adresse 65366 Geisenheim | **ÖPNV** RheingauLinie bis Bahnhof Geisenheim, von dort 4 Kilometer zu Fuß | **Anfahrt** der Nothgottesstraße aus Geisenheim in Richtung Presberg folgen; 2,5 Kilometer hinter dem Weingut Schumann-Nägler liegt links der Parkplatz »Brünnchen« | **Öffnungszeiten** durchgehend | **Tipp** Wenn Sie schon mal zum Lernen hier sind: An der K 630 zurück Richtung Geisenheim liegt der Wanderparkplatz »Antonius-kapelle«. Von hier geht es einen Kilometer lang an 18 zum Teil interaktiven Tafeln eines CO_2-Waldlehrpfades vorbei zum Kloster Nothgottes.

26 Der Park der Villa Monrepos

Hier findet man »seine Ruhe«

Hinter dem an der Rüdesheimer Straße liegenden neoklassizistischen Bauwerk zeigt sich die gesamte Schönheit der Anlage. Der Geisenheimer Bankier, Waffenhändler und Gartenliebhaber Heinrich Eduard von Lade ließ sich 1861 eine Villa mit einem angrenzenden Park vom herzoglich-nassauischen Hofgärtner Carl Friedrich Thelemann planen. Eine Mischung aus landwirtschaftlichen und formalen Bereichen entstand. Es gab 800 verschiedene Rosensorten mit 3.000 Rosenstöcken, 2.000 Apfel-, Pflaumen-, Kirsch- und Pfirsichbäume, 50 Rebstöcke und einen Forschungsbereich. Hier züchtete Lade selbst unter anderem die »Rote Zwetschge von Monrepos« oder »Lades Butterbirne«. Das Gartenparadies war ein beliebter Blickfang, den sich auch Kaiser Wilhelm und Bismarck nicht entgehen ließen.

Doch der Geisenheimer Pensionär hatte noch weitere Ideen. 1872 gründete er die Preußische Lehranstalt für Obst- und Weinbau, die heute als Hochschule Geisenheim weltweit einen herausragenden Ruf unter Önologen genießt. Teile der Hochschule sind – wie in den Anfangsjahren – in der Villa Monrepos untergebracht.

Der heutige Park hat bis auf einen alten Mammutbaum kaum mehr etwas mit dem Ruhesitz von Lades zu tun. Nach dem Tod des wohl bedeutendsten Sohnes der Stadt im Jahr 1904 wurde der Park immer wieder verändert, anderweitig genutzt und in den beiden Weltkriegen größtenteils zerstört. Gerd Daumel, der das Institut für Garten- und Landschaftsgestaltung von 1964 bis 1972 leitete entwickelte ein neues Gesamtkonzept aus Lehr- und Schaugarten. Das sehenswerte Ergebnis steht heute unter Denkmalschutz und wird seit 2011 im Rahmen eines Entwicklungs- und Pflegeplans in bestem Zustand erhalten. Heute ist die Villa Monrepos Teil des Hochschul-Konzeptes »Grüner Campus« und wird als solcher wieder ihrem Namen gerecht: »Meine Ruhe«.

Adresse Rüdesheimer Straße 5, 65366 Geisenheim | **ÖPNV** RheingauLinie bis Bahnhof Geisenheim, dann Bus 171 bis Haltestelle Ursulinen, von dort rund 100 Meter | **Anfahrt** B 42, Abfahrt Geisenheim / Campingplatz, weiter in Richtung Geisenheim, im Kreisel erste Ausfahrt, nach rund 200 Metern liegt die Villa auf der rechten Seite | **Öffnungszeiten** Park: durchgehend; Villa: nur von außen zu besichtigen | **Tipp** Weine mit dem Etikett der Villa Monrepos werden in Zusammenarbeit mit den Hochschulinstituten Rebenzüchtung, Weinbau und Önologie produziert. Erhältlich im Weingut der Hochschule Geisenheim (Kirchspiel, Tel. 06722/502173).

27__Das Plattenstübchen

Echt großes Stück Rheingauer Musikgeschichte

Als seriöser Schreiber soll man sich mit Lobeshymnen zurückhalten. Zu schnell sind Begriffe wie »sensationell« oder »unerreicht« verbraucht. Beim Geisenheimer Plattenstübchen fällt das schwer. Das am 11.11.1977 gegründete Musikgeschäft ist einfach »unfuckingfassbar« gut, wie der irische Sänger Rea Garvey womöglich kommentieren würde.

Der Chansonsänger Maurice Chevalier hat einmal gesagt: »Je älter man wird, desto ähnlicher wird man sich selbst.« Nein, Alexander Markgraf sieht nicht aus wie eine Schallplatte oder CD, aber wundern müsste man sich nach fast 40 Jahren zwischen den Tonträgern nicht. Als eine LP noch 9,80 DM kostete, startete er mit seiner Frau Sieglinde an einem Donnerstag. Zuvor hatte er angekündigt, bei einem Tagesumsatz über 1.000 Mark ein glücklicher Mann zu sein. Er wurde es am Eröffnungstag und ist es geblieben. Sein mit rund 50.000 CDs und Platten bestückter Laden hat die Hochs und Tiefs der Branche mit- und überlebt.

Als Ende der 1980er Jahre die CD auf den Markt kam, blieb er gelassen. Er wartete den Preiskampf der aufkommenden Ketten wie Media Markt oder Saturn ab und reihte sich mit fachlicher Beratung und intelligentem Angebot wieder ein. Das Internet war die größte Herausforderung. Pünktlich zur Jahrtausendwende zog er mit und beliefert nun auch digital seine treuen Stammkunden, von denen es nach vier Jahrzehnten viele gibt. Seit 2016 gönnt er sich einen Ruhetag pro Woche: »Man wird halt auch nicht jünger.«

Seine Erinnerungen sind ein Blick in die Musikgeschichte: »We Can't Dance« von Genesis ging 1991 mehr als 1.000 Mal über den Geisenheimer Tresen. Noch mehr kauften die Kunden nach dem Tod von Lady Diana von Elton Johns »Candle in the Wind«. Kassenschlager waren auch »The Wall« und »Saturday Night Fever«, und dann gab es noch Autogrammstunden mit Rolf Zuckowski oder Matthias Reim, bei denen das Plattenstübchen aus den Nähten platzte – sensationell.

Adresse Behlstraße 9, 65366 Geisenheim, Tel. 06722/6565 | **ÖPNV** RheingauLinie bis Bahnhof Geisenheim, von dort 120 Meter | **Anfahrt** B 42, Abfahrt Geisenheim, Chauvigny-straße, Schmittstraße und Winkeler Straße bis Behlstraße | **Öffnungszeiten** Mo, Di, Do, Fr 9.30–19 Uhr, Sa 9.30–14 Uhr | **Tipp** Geht man die Behlstraße bergab und überquert die Winkeler Straße, kommt man in die hübscheste Gasse Geisenheims: Am Römerberg stehen denkmalgeschützte Häuser am plätschernden Stegbach und führen zur Pfarrschule und dem Pfarrhof in der nicht weniger romantischen Zollstraße.

28 Das »Rheingau Tattoo«

Eine schrecklich verrückte Familie

Wo einst Kaiser und Erzbischöfe, Dichter und Denker sich die Hände schüttelten, heute Stars der Musik und Küchenkunst verzücken und die Wein-Elite sich zum Studieren, Probieren und Auktionieren trifft, gibt es einen Kontrapunkt: »Bamba de Rosa«. Der bekennende Heavy-Metal-Fan und Ex-Punk ist mit seiner Familie durch Auftritte in RTL-2-Trashsendungen wie »Frauentausch« und »Family Stories« zu einem Star der Szene avanciert. Als Fernsehkoch Tim Mälzer in Geisenheim weilte, erkannte er die autodidaktische Erotik- und Baby-Fotografin sofort. Fans aus halb Europa reisen in ihr Tattoo-Studio zwischen Linde und Dom und lassen sich tätowieren, piercen und fotografieren.

Dabei fing die schillernde Geschichte tragisch an: Mit 21 wurde bei der gebürtigen Eltvillerin Multiple Sklerose diagnostiziert. Sie wurde Frührentnerin, lernte den damals von Sozialhilfe lebenden Alex kennen und lieben, und die beiden beschlossen, sich auch beruflich zusammenzutun. »Was soll schon schiefgehen, wir sind bereits unten«, analysierte Bamba und gründete Anfang dieses Jahrhunderts den Laden »Rheingau Tattoo«.

Mit der weitverbreiteten Methode »Learning by Doing« war Alex zum Tätowieren gekommen: zuerst auf Schweinehaut und Kunsthaut, dann auf der eigenen und nach zwei Jahren bei Freunden. Die sind ihm alle treu geblieben, und Alex ist mittlerweile Spezialist für die von den neuseeländischen Ureinwohnern stammenden Maori-Tattoos. Er schwört auf lebenslanges Lernen, predigt Hygiene und liebt thailändische Tätowiermeister. Neben ihm sticht Joe »die bunten Sachen«, und alle paar Wochen hilft Arek aus Breslau, der Gesichter fotorealistisch auf die Haut bringt. Tochter Sarina ist fürs Piercing zuständig, und Bamba selbst koordiniert und kümmert sich um Werbung, Internet und Steuern. Das Team ist über Monate ausgebucht. Da wird es höchste Zeit, dass Sohn Paddy seine Tattoo-Ausbildung beendet und einsteigt.

Adresse Prälat-Werthmann-Straße 2, 65366 Geisenheim, Tel. 06722/496394, www.rheingau-tattoo.de | **ÖPNV** RheingauLinie bis Bahnhof Geisenheim, von dort 400 Meter | **Anfahrt** B 42 über zweite Abfahrt Geisenheim, Chauvignystraße, Zollstraße bis zum Dom | **Öffnungszeiten** Di–Fr 13–19 Uhr, Sa nach Vereinbarung | **Tipp** Direkt gegenüber im Gutsausschank Dom-Cabinett gibt es die gute Stube als Kontrastprogramm. Ähnlich konsequent wie der Nachbar, nur statt Tätowierungen gibt es Fachwerkbalken innen wie außen in Hülle und Fülle – wenn Sie so wollen die »Tattoos der Rheingauer Häuser«.

29 Das Rothenbergkreuz

Eine der schönsten Weinsichten

Man kann ja über die »ebsch Seit«, die andere Flussseite, sagen, was man will – ihr ehemaliger Bewohner Graf Friedrich Karl Joseph von Ingelheim war einer der Guten. Die Französische Revolution ließ ihn aus Sorge um seine Stellung die linksrheinische Heimat verlassen. Er kam über den Rhein und baute 1809 den bereits vorhandenen Familienbesitz, die Brömser Burg in Rüdesheim, zu einer romantischen Wohnburg aus. Berühmte Menschen seiner Zeit wie der Dichter Johann Wolfgang von Goethe oder der Komponist Carl Friedrich Zelter honorierten das mit ihren Besuchen.

Dem Nachbarort Geisenheim stiftete er ein Weinbergskreuz. Das wurde zuerst in den Hang des Rothenbergs gestellt, 1972 auf den 152 Meter hohen Gipfel versetzt und nach starker Beschädigung 1981 erneuert. Zwei Bäume flankieren das Gipfelkreuz des Geisenheimer Hausbergs, und eine Parkbank davor lädt zum Ausruhen und Ausblicken ein. Man schaut gen Süden auf die Hochschulstadt, den Rheingauer Dom und über den Rhein zu den Hügeln Rheinhessens. Nach Osten geht der Blick zum Johannisberg, nach Westen zur Abtei Sankt Hildegard, nach Rüdesheim und Bingen, und im Norden grüßen die Taunuswälder.

Auch von der Stadt aus ist der Rothenberg eine markante Erscheinung und prägt das Stadtbild. Auf seinen Hängen wachsen seit Jahrhunderten Rebstöcke der besten Sorte. »Klasse 1« nennen das die Experten, die auch aufgrund der häufigen Ernte von Trockenbeerenauslesen diesen höchsten Rang bereits 1867 verliehen. Allein in diesem Jahrhundert wurde gleich dreimal am Rothenberg das höchste Mostgewicht eines Jahres für ganz Deutschland gelesen. Der Rothenberg hat Qualität und Charakter. Das Deutsche Weininstitut sah das genauso und verlieh ihm 2012 den Titel »Schönste Weinsicht«. Eine drei Meter hohe Stele ein paar Meter den Hang hinab ist sichtbarer Lohn des verdienten Preisträgers, den man von unten und von oben gesehen haben muss.

Adresse Rothenberg, 65366 Geisenheim | **ÖPNV** RheingauLinie bis Bahnhof Geisenheim, von dort rund 1,2 Kilometer steil bergauf | **Anfahrt** B 42, Abfahrt Geisenheim-Marienthal, Richtung Marienthal bis Nordring, Parkplatz suchen und zu Fuß in Schleifen etwa einen Kilometer den Berg hinauf | **Öffnungszeiten** durchgehend | **Tipp** Wer stilecht auf dem Gipfel einen Rothenberger trinken möchte, bekommt Lagenweine bei den Weingütern Schumann-Nägler (mit Gutsausschank in Geisenheim, Nothgottesstraße 29, 1 Kilometer entfernt) oder Wegeler (Oestrich, Friedensplatz 9–11, größte Rothenberg-Auswahl).

30 Die Waas.sche Fabrik

Kulturoase in historischer Industriestätte

Mathis ist acht Jahre alt, singt den Beatles-Klassiker »Let It Be« und begleitet sich dabei selbst auf dem Schlagzeug. Um ihn herum schauen Eltern, Freunde, Musikinteressierte, andere Teilnehmer und die Jury des Casting-Events »Music Kids« zu. Der Wettstreit der jungen Musiker ist ein Paradebeispiel für die große Bandbreite der neuen Heimat Rheingauer Kulturschaffender.

In einem mit alten, neuen, hübschen und weniger spannenden Gebäuden bunt gemischten Wohngebiet hat sich die Innenarchitektin und Lichtdesignerin Andrea Nusser zuerst im Vorderhaus eines Industriedenkmals ihren Wohntraum erfüllt. Das Hinterhaus, in dem Valentin Waas von 1864 bis nach dem Zweiten Weltkrieg Dörrapparate, Trocken-, Haushalts- und Brotbacköfen produzierte, lag noch einige Jahre brach. Dann war die Idee eines Ortes der Begegnung von Kunst und Kultur für kreative Menschen, die aktiv gestalten und mitentwickeln wollen, gereift, und die aufwendige Restaurierung wurde 2010 und 2011 in Angriff genommen.

Entstanden ist ein Vorzeige-Objekt der Industriekultur. Sandfarbener Backstein gibt dem Anwesen den typischen Charakter der Industrialisierung des 19. Jahrhunderts. Eisenträger, Holzelemente, das alte Treppenhaus, Türen und Fenster konnten größtenteils erhalten werden und strahlen nun wieder. Das Prunkstück ist ein zentraler Raum über drei Etagen mit einer Galerie und einer heute wieder lichtdurchfluteten Glas-Metall-Dachkuppel. Hier sind die wechselnden Kunstwerke an den Wänden gut zu sehen. Hier finden Veranstaltungen wie die Reihe »Afterwork – Jungwinzer meets Jamsession«, Yoga-, Pilates- oder Trommel-Workshops, Konzerte, Vernissagen oder Lesungen statt.

In weiteren Räumen des historischen Industriebaus findet man eine Musikakademie, Sport- und Fitnessangebote, ein Foto- und Filmstudio, Designer und jede Menge Kunst. Doch das interessiert Mathis nur am Rande, als er zum Music-Kids-Sieger gekürt wird.

Adresse Winkeler Straße 100b (Hinterhaus), 65366 Geisenheim, Tel. 06722/5293 |
ÖPNV RheingauLinie bis Bahnhof Geisenheim, von dort zu Fuß nur 10 Minuten |
Anfahrt B 42, Abfahrt Geisenheim-Mitte, rechts in die Chauvignystraße, links in die
Trinostraße und wieder rechts in die Winkeler Straße | **Öffnungszeiten** Mo – Fr 9 – 18 Uhr,
zusätzlich für Veranstaltungen und nach Vereinbarung | **Tipp** Die »Knorzelstube«, eine
Manufaktur und Verkaufsstelle für Marmeladen, Senf, Käse, Schokolade, Essig, Nudeln,
Kaffee und Gewürze, ist an gleicher Adresse mit separatem Eingang zu finden. Sie bietet
auch Chutney-Workshops an.

31___Das Wäschegeschäft
Hautnäher kommt niemand jeden Tag

Die Eröffnung eines Wäschefachgeschäfts ist eine mutige Entscheidung. Besonders auf dem Land, in Geisenheim, mit gerade mal 11.500 Einwohnern. Unmittelbar vor der über 700 Jahre alten Linde, dem Wahrzeichen der Stadt, und in Rufweite zur katholischen Kirche setzte Christiane Hübel ihren Traum um. Schaufenster mit verspielten und verführerischen Dessous, feine Strümpfe, bequeme Tag- und Nachtwäsche gehören seit 1988 zum Stadtbild.

Ihr Erfolgsrezept ist ein Klassiker des stationären Einzelhandels: eine gute, fachgerechte und immer kundenorientierte Beratung. Dazu hat die waschechte Rheingauerin ein Gespür für die richtigen Produkte und Marken, kennt den Geschmack ihrer Kunden und geht nicht nur im Laden selbstbewusst und aktiv auf jeden zu. »Jede dritte Frau trägt die falsche BH-Größe«, weiß sie und spricht das an, wenn sie erkennt, dass etwas nicht sitzt oder etwas zwickt oder klemmt. Das schätzen die Kunden, denn das Ergebnis ist mehr Komfort und Spaß mit der Wäsche. Schließlich gehört Unterwäsche zu den Dingen, die jedem Menschen den ganzen Tag hautnah sind. Diskretion ist besonders auf dem Lande eine wichtige Tugend. Eine weitere ist Flexibilität. Schließlich gab es auch schwerere Zeiten, Läden in ihrer Nachbarschaft mussten schließen. »Unterm Rock« übernahm teilweise die Produkte der geschlossenen Geschäfte, wie eine komplette Strumpfabteilung. Das Portfolio wurde Jahr für Jahr erweitert, bedient seitdem auch Männer und kooperiert mit einer Wiesbadener Reinigungsfirma.

Natürlich kommt dem Lädchen auch zugute, dass Geisenheim sich immer moderner und weltoffener zeigt. Tausende Studenten, Experten und Genießer suchen den Weg zur weltweit bekanntesten Hochschule für Weinbau. Rund um die Linde wächst die Zahl guter Veranstaltungen neben dem traditionellen Lindenfest. Und nicht zuletzt hilft es auch, dass besonders Unterwäsche nicht gerne im Internet bestellt wird.

Adresse Prälat-Werthmann-Straße 10 (Fußgängerzone), 65366 Geisenheim,
Tel. 06722/6300, www.untermrock-geisenheim.de | **ÖPNV** RheingauLinie bis Bahnhof
Geisenheim, von dort 350 Meter | **Anfahrt** B 42 über zweite Abfahrt Geisenheim,
Chauvignystraße, Zollstraße bis zum Dom | **Öffnungszeiten** Mo – Fr 9.30 – 13 und
15 – 18.30 Uhr, Sa 9.30 – 13 Uhr | **Tipp** Direkt vor dem Laden steht das Wahrzeichen
Geisenheims: die fast 700 Jahre alte Linde. Das Alter sieht man ihr an, sie wird gestützt,
aber unter ihrer Krone im Schatten lässt es sich immer noch ringsherum entspannen.

32 Das Gebück

600 Jahre gut geschützt

Ein sensibles Umweltbewusstsein kann man den Rheingauern nicht in Abrede stellen. Immer mehr Weinbauern setzen auf »Bio«. Die Mülltrennung ist vorbildlich. Und gegen den Lärm der Eisenbahn und der Flugzeuge oder die »Verschandelung« der Wälder durch Windräder gehen die Rheingauer auf die Barrikaden. Diese Naturverbundenheit hat historische Wurzeln.

Im Mittelalter dachten die Rheingauer über den Schutz ihrer Heimat vor Feinden, Räubern oder Heerscharen nach und planten einen Schutzwall. Statt eine Steinmauer zu errichten, wurde ein bis zu 100 Meter breiter Grünstreifen konstruiert, der durch dichten Bewuchs undurchdringlich werden sollte. Auf rund 38 Kilometern zwischen Walluf und Lorchhausen schlug man dafür Hainbuchen immer wieder ab und verknüpfte die jungen Zweige »gebückt« miteinander. Zwischen den Bäumen und den Verästelungen wuchsen Wildpflanzen wie Schwarzdorn- und Brombeersträucher, und nach einiger Zeit war die »grüne Grenze« dicht. Zum Rein- und Rausfahren mauerten die Rheingauer massive Tore und bewachten diese wenigen Schlupflöcher im Dorfverband. Über den zwischen den Toren angelegten »Rennweg« eilte man sich bei einem Überfall zu Hilfe.

Das Rheingauer Gebück ist Geschichte, doch an einigen Stellen findet man noch Beweise für seine fast sechs Jahrhunderte währende Kraft. Eine davon ist die »Mapper Schanze«, einer der Durchgänge auf dem Weg nach Norden. Hinter den Mauern wurde ein Stück Gebück neu gepflanzt, durch das man laufen und Bauweise und Funktion erahnen kann. Auf dem Weg vom Wander-Parkplatz an der Förster-Bitter-Eiche unweit von Hausen vor der Höhe zur Mapper Schanze findet man mitten im Wald noch Gebück-Bäume, die heute aufgrund ihres Alters und der unbekannten gebückten Form an mystische Feenwälder aus Fantasyfilmen erinnern. Wer mehr erfahren möchte, wandert auf dem 50 Kilometer langen Gebück-Wanderweg mit Informationstafeln.

Adresse Mapper Schanze, 65375 Hallgarten | **Anfahrt** L 3035 bis Parkplatz Förster-Bitter-Eiche (400 Meter vor Hausen vor der Höhe), von dort zu Fuß der Beschilderung 3,8 Kilometer auf flachen Wegen folgen; alternativ geht es auch über Hallgarten zur Hallgarter Zange und von dort zu Fuß über die Kalte Herberge (höchste Erhebung des Rheingaus) knapp 3 Kilometer ebenfalls der Beschilderung hinterher | **Öffnungszeiten** durchgehend | **Tipp** Wandern Sie das Teilstück des Gebück-Wanderweges von Schlangenbad durch den Hinterlandswald an der Mapper Schanze vorbei bis zur Hallgarter Zange und weiter bis zum Kloster Eberbach. Dauer: circa fünf Stunden (15 Kilometer).

33 Die Genossenschaft der Buren

Die Armen haben sich durchgesetzt

Die Entwicklung der Weingüter verläuft wie die großer Marken. Die Rheingauer Marktführer gewinnen an Größe und Bedeutung, kleinere Betriebe verkaufen oder liefern ihre Trauben an die Platzhirsche. Das ist gut für die weltweite Bekanntheit des Rheingaus. Ob es auch der Vielfalt und Qualität dient, darüber streiten die Experten. Diese Entwicklung hat auch vor den Genossenschaften nicht haltgemacht. Hobby- oder Feierabendwinzer lieferten hier in den Gemeinschaftsbetrieb eines jeden Ortes, der für die Kellerarbeit und die Vermarktung sorgte. Aus vielen blieben drei übrig: die rheingauweit agierende »Weinland Rheingau eG«, die »Winzer von Erbach eG« und die »Hallgartener Weinkeller eG«.

Letztere pflegt die Tradition der lebhaften Genossenschaftsgeschichte. Von den ursprünglich rund 120 Hektar Anbaufläche sind nur 20 geblieben. Das genügt für den Direktverkauf und die Organisation von Veranstaltungen in der Kelterhalle, wie einer Straußwirtschaft, Weinproben, Konzerten und einem Oster- und einem Weihnachtsmarkt. Zudem werden Lohn-, Versand- und Lagerarbeiten für andere Weingüter erledigt.

Zwischen 1898 und 1902 gründeten die Hallgartener gleich drei Kooperativen. Die erste wurde im Volksmund »die Deutschen« genannt. Die zweite Genossenschaft nahm nur Winzer auf, die mindestens drei Morgen bewirtschafteten, und erhielt den Beinamen »die Engländer«, da selbige zur Jahrhundertwende mit ihren Kolonien und Besitztümern weltweit als reich und vornehm angesehen wurden. Die dritte Genossenschaft scharte letztendlich auch die ärmeren Winzer um sich und bekam den Spitznamen »die Buren«, da diese als einfache Farmer und Viehzüchter lebten. In die Genossenschaft der Buren sind mittlerweile auch die anderen eingezogen und prägen nun gemeinsam den Ortseingang mit ihrem prägnanten Backsteinbau.

Adresse Hattenheimer Straße 15, 65375 Hallgarten, Tel. 06723/3369 | **ÖPNV** Bus 181 ab Bahnhof Hattenheim bis Haltestelle Eberbacher Straße | **Anfahrt** B 42, Abfahrt Oestrich/ Hallgarten, dann der Beschilderung »Hallgarten« folgen; der Hallgartener Weinkeller ist das erste Gebäude links | **Öffnungszeiten** Mo–Fr 8–12 und 13–16.30 Uhr, Sa 9–12 Uhr | **Tipp** Der Weinführer »Wein-Plus« sagt: Die »Winzer von Erbach« gehören zweifellos zu den besten und zuverlässigsten Winzervereinigungen in Deutschland (Ringstraße 28, 65346 Eltville-Erbach).

34 Die Hallgarter Zange

Für Wanderer, Kletterer und Bogenschützen

Ausflüge in die Wälder rund um die 581 Meter über dem Meer thronende »Hallgarter Zange« gehörten früher zu den Kindheitserinnerungen der Rheingauer. Der 1884 gebaute und weithin sichtbare Aussichtsturm lockte im Sommer zu Spaziergängen und im Winter zum Schlittenfahren – mit Einkehr in dem in die Jahre gekommenen Ausflugsrestaurant. Sogar Karl der Große soll sich hier zur Jagd eingefunden haben. Von hier aus ist es nicht weit bis zum höchsten Berg des Rheingaus, der Kalten Herberge (619 Meter), und zur Mapper Schanze, einem Grenztor des Gebücks, das als Schutzwall den Rheingau vor Eindringlingen bewahrte. Die Gaststätte wurde vor vielen Jahren geschlossen, ein größeres Bauvorhaben scheiterte, und auch Schnee kommt immer weniger in den vom Klima verwöhnten Rheingau.

Doch im Wald oberhalb von Hallgarten hat sich etwas getan: Der Wiesbadener Abenteuer- und Outdoor-Spezialist »No Limits« hat die bürokratischen Hürden übersprungen und 2015 einen Kletterpark mit einem neuen Ausflugslokal errichtet. Angeseilt geht es nun den 25 Meter hohen Turm hinauf und – wenn man möchte – per Basejump wieder herunter. Im Standesamt auf der Turmspitze kann sogar geheiratet werden.

Im benachbarten Wald installierten die Betreiber einen Hochseil-Kletterpark und Zielscheiben für Bogenschützen. Eine Bike-Station ergänzt das sportliche Angebot, und natürlich lässt es sich weiterhin vortrefflich wandern und spazieren gehen. Zum Abschluss des Ausflugs holt man sich an der Theke in dem renovierten Gebäude Laugenbrezel, Bauernsnacks, Flammkuchen oder ein Stück Kuchen. Die Preise sind familienfreundlich, und besonders auf der Holzterrasse draußen ist die Sicht über die Wälder wunderbar. »Zange« kommt übrigens aus dem Mittelhochdeutschen und bedeutet »Gipfel« oder »Spitze«, und genau das ist es – frei nach Hans Rosenthal – jetzt wieder auf der »Hallgarter Zange«: einfach spitze.

Adresse Hallgarter Zange, 65375 Hallgarten | **Anfahrt** von der B 42 in Oestrich Richtung Hallgarten abbiegen und im Anschluss der Beschilderung »Hallgarter Zange« folgen | **Öffnungszeiten** Mi – Fr 12 – 19 Uhr, Sa, So 10 – 19 Uhr, in den Schulferien und im Sommer zusätzliche Zeiten für Events; Gruppen ab 10 Personen auf Anfrage | **Tipp** Eine schöne, wenn auch anspruchsvolle Wanderung zur Hallgarter Zange beginnt am Kloster Eberbach.

35 Das Löwenstein'sche Gartenhaus

Mal geöffnet, mal auch nicht

Der Blick auf die malerisch an den Hang geworfenen Patrizierhäuser bei der Anfahrt nach Hallgarten prägt das Ortsbild. Fast jedes dieser Gebäude ist denkmalgeschützt. Das ehemalige Weingut Fürst Löwenstein gehört dazu und ist mittlerweile ein Wohnhaus. Im Weinberg unterhalb des Hauses steht an der Ecke ein kleines Häuschen. Dieses Gartenhaus von Carl Friedrich Erbprinz zu Löwenstein-Wertheim-Rosenberg, der 2010 bei einem Rennen auf dem Nürburgring verstarb, sollte im Konzept des unterfränkischen Fürsten die Rolle eines sommerlichen Ausschanks spielen. Doch was nun?

Die verbliebenen Mitarbeiter des Fürsten bekamen Unterstützung vom Hallgartener Weingut Bibo Runge. Gemeinsam beschlossen sie, einen Ausschank aus dem Gartenhaus heraus zu organisieren, und mit den Schlemmerwochen 2015 fing es unter dem Motto »Hallgartener Dialog« – in Gedenken an Adam von Itzsteins »Hallgartenkreis« – an. Alte, gegen Diebstahl mit Beton gefüllte Weinfässer wurden zu Sitzmöbeln umgebaut, Sitzgarnituren und Sonnenschirme aufgebaut, und aus dem Häuschen selbst gab es die Weine der beiden Weingüter und kleine Leckereien. Da die Logistik in dem einfachen Häuschen schwierig ist und der Ausschank nur bei schönem Wetter stattfinden kann, ist es ein wenig Glückssache, einen der wenigen Öffnungstage zu erwischen.

Die Hoffnung auf eine höhere Frequenz liegt nun bei den Herren Bibo und Runge. Die beiden Freunde haben ihre Leidenschaft zur Unternehmung gemacht. Der Oestricher Walter Bibo bewies seine Qualitäten als Kellermeister im Erbacher Weingut Schloss Reinhartshausen. Kai Runge aus Baden bringt als Restaurateur von Hochwertigem aus altem Holz die Liebe zum Handwerk sowie den Anspruch auf Perfektion mit. Bis wieder mehr Leben in das Gartenhaus einkehrt, füllt man am besten einen Rucksack und setzt sich entspannt auf die zu Sesseln umgebauten Weinfässer davor.

Adresse Hallgartener Platz, 65375 Hallgarten (am westlichen Ortsrand direkt an den Weinbergen) | **ÖPNV** Bus 181 von Hattenheim oder Oestrich bis zur Haltestelle Hallgarten-Kindergarten, von dort 5 Minuten zu Fuß | **Anfahrt** in Hallgarten über Friedhof und Oestricher Weg in den Hallgartener Platz, allerdings nur wenige Parkplätze am Straßenrand; am besten zu Fuß oder mit dem Fahrrad kommen | **Öffnungszeiten** während der Rheingauer Schlemmerwochen bei schönem Wetter | **Tipp** Mit einem ähnlich schönen Ausblick schenkt um die Ecke das Weingut Theo J. Kreis auf der Schönhell-Terrasse aus.

36__Der Brunnenweg

Wandern und Genuss in den Weinbergen

Ein Picknick im Grünen ist nicht nur für Wein- und Naturlieb-
haber die Krönung des Genusses – wenn nur die Schlepperei nicht
wäre. Jeweils einmal im Jahr kann man im wahrsten Sinne des Wor-
tes »unbeschwert« in die Hattenheimer Weinberge laufen, teilweise parallel zum Brunnenweg, und findet unterwegs bereits alles, was
das Schlemmerherz begehrt: Weine aller Rebsorten des Rheingaus,
prickelnde Sekte, allerlei kulinarische Köstlichkeiten und sogar
Sitzmöglichkeiten. Fast jeder Rheingauer Ort hat so ein Ein- oder
Zwei-Tages-Picknick. Die Mutter dieser Freiluftveranstaltungen
wurde erstmals am 3. Oktober 1993 in Hattenheim vom hiesigen
Weinbauverein veranstaltet: »Natur pur – in der Hattenheimer Flur«.

Nicht selten während der Weinlese bauen die Winzer ihre Stände
vom Ortskern (Start im Weingut Schloss Schönborn) bis zur Domä-
ne Neuhof (Stand des Wein- und Sektgutes Barth) in Richtung
Kloster Eberbach auf. Der leicht ansteigende Wein- und Schlem-
merpfad wird ab 11 Uhr zur längsten Rheingauer Weinprobe – mit
herrlicher Aussicht über das Rheintal und zu den Taunushöhen. Eine
breite Auswahl der Hattenheimer Küchenkunst vom Hirschburger
»Bei'm Elsje« über »wilde Currywurst« vom Weingut Balthasar Ress
bis zu Süßkartoffel-Kokos-Suppe vom Wein- und Sektgut Barth
und Riesling-Panna-Cotta vom Hotel und Restaurant Zum Krug
wird zur Stärkung angeboten. Um 18 Uhr ist Feierabend, dann gehen die Nimmermüden auf einen letzten Tropfen in die Hattenheimer Burg. Dort feiern nicht nur die Ortsansässigen bis in die späten
Abendstunden weiter.

Während des restlichen Jahres sind die Wege nicht weniger at-
traktiv. Dann spaziert man am besten auf dem mit dem Hattenheimer Wappen gekennzeichneten Brunnenweg entlang und sucht sich
auf der 3,7 Kilometer langen Strecke seinen eigenen Picknickplatz.
Die Tour führt durch die Weinlagen Mannberg, Wisselbrunnen und
Nussbrunnen.

Adresse Interessentenweg, 65347 Hattenheim | **ÖPNV** RheingauLinie bis Bahnhof Hatten-
heim, ab dort siehe Anfahrt | **Anfahrt** B 42, Abfahrt Hattenheim, Parkplätze am Bahnhof,
von dort über die Bahngleise in die Waldbachstraße, dann gleich rechts parallel zu den Gleisen
bis links ein Weg hinauf in die Weinberge führt | **Öffnungszeiten** 11–18 Uhr | **Tipp** Der
Brunnenweg führt auch an der versteckt liegenden Margarethenkapelle am Willenborn vorbei,
die an die Heiligenfigur Margarethes in der katholischen Pfarrkirche Sankt Vincentius
erinnert. Hier spenden Bäume Schatten für eine erholsame Rast, besonders im Sommer.

37__Die Handkäse-Käsekuchen-Manufaktur

So schmeckt der Rheingau

Auf die Frage nach der typischsten Rheingauer Spezialität sagen viele: »Spundekäs.« Dabei gibt es den bundesweit im Supermarkt und überall im nördlichen Rheinhessen, wo man sich rühmt, den beliebten Frischkäse erfunden zu haben. Nun könnten wir noch über Rieslingsüppchen aus der Winzerküche, Wildbratwürste aus den Rheingauer Wäldern oder den omnipräsenten Flammkuchen diskutieren. Eine dem Rheingau zuzuordnende Köstlichkeit werden wir nicht finden.

Josef Laufer der Dritte kreiert in seinem Restaurant Zum Krug seit vielen Jahren Speisen auf Basis regionaler Zutaten. Unter dem Motto »Diktatur des Geschmacks« sucht er die Ursprünge unserer Lieblingsspeisen. Fündig wurde er bei Omas Rezepten, die er zeitgemäß auffrischt und punktuell verfeinert. Während dieser Weiterentwicklung kreierte er ein Gericht, das als Rheingauer Spezialität prädestiniert ist: den Handkäse-Käsekuchen. Zutaten: Butter, Pinienkerne, Mehl, Zucker, Eigelb, Kreuzkümmel, Weißwein, Sahne, Eier, Handkäse und Quark, mit Salz und Pfeffer abgeschmeckt. Fertig. Dazu gibt es Senfkorn-Sauerkirschen mit Rotwein, Zimt, Sternanis und Wacholderbeeren. Das Rezept gibt er gerne mit auf den Weg, am besten schmeckt es allerdings frisch aus dem »Krug«-Backofen.

Als Vorspeise wird der in Viertel geschnittene Kuchen in dem »rheingauerischsten« Restaurant angeboten. Eigentlich ist der Sauerbraten die Spezialität des Hauses, doch den isst man mittlerweile erst nach dem deftigen Handkäse-Käsekuchen. Das Bekenntnis zum Rheingau findet sich in dem 1720 gebauten Bilderbuch-Fachwerkhaus überall. Am meisten beeindruckt die Weinkarte mit einem einmaligen Spektrum Rheingauer Weine. Im hauseigenen Weinkeller liegen die Schätze aus großen Jahrgängen. Die Presse attestierte Josef Laufer ein »Gespür für Wein«. Vielleicht schmeckt der Handkäse-Käsekuchen deshalb im »Krug« so gut – frisch und mit dem richtigen Wein dazu.

Adresse Hauptstraße 34, 65347 Hattenheim, Tel. 06723/99680, www.hotel-zum-krug.de |
ÖPNV RheingauLinie bis Bahnhof Hattenheim, von dort 150 Meter bergab, oder Bus 171,
Haltestelle B 42, von dort 100 Meter | **Anfahrt** B 42, Abfahrt Hattenheim nach Tankstelle;
nur wenige Parkplätze im Hof, Empfehlung: am Rhein parken und durch die Altstadt
schlendern (250 Meter) | **Öffnungszeiten** warme Küche Mi–Sa 12–14 und 18–22 Uhr,
So 18–22 Uhr | **Tipp** Die Hotelzimmer im »Krug« haben keine Nummern, sondern Namen
mit regionalen Sehenswürdigkeiten und sind entsprechend ihrer Namensgeber eingerichtet
und bebildert.

38 Der Kunsthandel Ruppert

Der wahre Eltviller Biedermeier

Der Biedermeier-Verein präsentiert sich jährlich auf dem Eltviller Sektfest. Mit Frack und Zylinder schreiten die Herren mit ihren hochgeschlossen gekleideten Damen über den Kies und grüßen mit Handschuhen und Sonnenschirm. Die Kunst- und Kulturepoche von 1815 bis 1848 hat es ihnen angetan. Der erfundene Spießbürger Gottlieb Biedermeier steht dabei Pate und verkörpert die klare und bescheidene Stilrichtung.

Hier beginnt die Geschichte des »wahren Biedermeiers« in Eltville am Rhein. 1980 verselbstständigte sich seine Liebe zu Kunst und Antiquitäten, und Engelbert Ruppert gründete einen eigenen Laden. Erfahrungen hatte der gebürtige Hattenheimer während des Studiums auf Märkten gesammelt. Anfänglich auch mit kleineren Objekten wie Keramiken beschäftigt, konzentrierte er sich immer stärker auf Biedermeiermöbel und avancierte zu einem der bedeutendsten Sammler und Händler für vollständig restaurierte Möbel aus den Jahren 1800 bis 1835 weit und breit.

Die Konsequenz: Das für den Antiquitäten- und Kunsthandel genutzte eigene Wohnhaus der Familie platzte aus den Nähten, ein Umzug aus dem geliebten Hattenheim war keine Option, und so begann die Familie, in der Nachbarschaft nach weiteren Flächen zu suchen. Heute gehört ein gutes Stück Heimatgeschichte zur Familie. In ehemaligen Backhäusern, Friseurgeschäften, Tankstellen, Kindergärten, Läden für Lebensmittel, Schuhgeschäften und Haushaltswarenläden, einer alten Spenglerei, einem Gasthaus, einem Café, einem Kindergarten und der Schule, in der Ruppert selbst noch die Schulbank drückte, stehen die schmucken Möbel jetzt auf fünf Gebäudekomplexe verteilt.

Und wem das alles nicht genügt: Ruppert macht aus seiner Heimatliebe kein Geheimnis, verkauft auch Barockmöbel, speziell »Frankfurter Schränke«, und schickt seine Kunden in die Nachbarhäuser zu den Gastgebern vom Kronenschlösschen, der Adlerschänke und dem Hattenheimer Krug.

Adresse Hauptstraße 42, 65347 Hattenheim, Tel. 06723/3825, www.kunsthandel-ruppert.de | **ÖPNV** RheingauLinie oder Bus 171 bis Bahnhof Hattenheim, von hier 100 bis 200 Meter zu Fuß | **Anfahrt** B 42 bis Hattenheim, Abfahrt ans Rheinufer; am besten am Weinprobierstand parken, da in der Altstadt kaum Plätze vorhanden sind | **Öffnungszeiten** Sa 11−16 Uhr, Mo−Fr nach telefonischer Vereinbarung | **Tipp** Der historische Kern Hattenheims liefert auch von außen und rund um die Uhr eine der sehenswertesten Fassaden im Rheingau.

39__ Das Perron

Da stehen Leute auf dem Bahnsteig

Es gibt sie in jeder Studentenstadt: bezahlbare Kneipen, in denen man sich wohlfühlt und in denen die Luft noch nach der gestrigen Nacht schmeckt. In einem Gewölbekeller der Villa Helene direkt am Hattenheimer Bahnhof ist ein solcher Ort, den man seit 30 Jahren besucht haben muss. Damals vor allem für Rheingauer Schüler und Studenten gegründet, heute eine zweite Heimat für viele und ein Ort für besondere Augenblicke. Die mit einem Straßenfest gefeierte »Perron Geburtstagsparty« am Ostersonntag ist seit der Gründung 1987 einer dieser besonderen Anlässe. Jährlich kommt fast jeder, der jemals hier war, und man trifft Leute, »die ich nur einmal im Jahr – genau hier – treffe«. Spätestens jetzt wird das Perron zur Kultkneipe.

Lehrer Michael Kleinz wollte schon immer eine Kneipe betreiben. Mit seiner Frau Helga setzte er diesen Traum im ebenerdigen Gewölbekeller um: gemütlich und günstig sollte es werden. So gibt es auch nach dem Tod des Gründers Bier vom Fass und Hattenheimer Weine, irischen Whiskey (die Leidenschaft des Wirtes) und Kleinigkeiten zum Essen. Auf antiken und alten Möbeln nimmt man Platz, und wer möchte, spielt Schach oder Backgammon oder eine Runde Tischkicker.

Doch woher kommt eigentlich der Name? »Perron« ist ein französisches Wort für Freitreppe oder Vortreppe. Nun haben die Rheingauer allerdings aus der Besatzungszeit der Franzosen Worte behalten, die sie bis heute im Alltag einsetzen: »Merci«, »Trottoir« oder »vis-à-vis« hört man hier häufig. Auch »Perron« ist eines dieser Überbleibsel und wird im Gegensatz zur tatsächlichen Bedeutung in dem Satz »Da steh'n Leute uff'm Perron« verwendet. Gemeint ist: »Da stehen Leute auf dem Bahnsteig.« Genau dies tun die Gäste im Perron-Sommer vor der Studentenkneipe, die spätestens seit der Anerkennung der keine 200 Meter entfernten »European Business School« (kurz EBS) als Universität auch diese Qualifikation in der Tasche hat.

Adresse Eisenbahnstraße 2, 65347 Hattenheim | **ÖPNV** RheingauLinie bis Bahnhof Hattenheim, die Kneipe liegt gegenüber | **Anfahrt** B 42, Abfahrt Oestrich-Hallgarten, dort im Kreisel erste Ausfahrt nach Hattenheim bis zum Bahnhof, gleich nach dem Ortseingang links | **Öffnungszeiten** Mi, Fr, Sa ab 20 Uhr und zu besonderen Anlässen | **Tipp** Die Juniorchefin Raymonde Picard schminkt und verkleidet Kinder- und Erwachsene. Die daraus entstehenden Figuren aus Filmen wie »Herr der Ringe«, »Avatar«, »Star Wars«, »Peter Pan«, »Arielle, die Meerjungfrau« und viele mehr sind immer ein Original, www.augenblicke-schminken.de.

40_ Der Promilleweg

Wenn es mal ein wenig direkter sein muss

Vor allem des Weines wegen kommen laut der regelmäßig erstellten Wiesbadener Tourismus-Studie viele Menschen in den Rheingau. Ein Gläschen Riesling war und ist ein Stück Lebenskultur. Am liebsten trinkt man nicht in den eigenen vier Wänden, sondern auswärts. Gutsausschänke und Straußwirtschaften gibt es hier überall, und weil der Rheingauer und seine Gäste neugierige Menschen sind, sucht man immer mal wieder einen neuen Platz und probiert die Erzeugnisse des Winzers. So weit, so fein, und je leckerer der Wein, umso länger der Abend.

Die mit dem Weingenuss gepaarte Trägheit der Weingenießer wirft zu späterer Stunde die Frage nach der Heimfahrt auf: »Wer fährt?« Um nun unterwegs keine anderen Verkehrsteilnehmer zu gefährden, hat der Rheingauer Weingott den »Promilleweg« erfunden. Seine Eigenschaften sind so einfach wie nützlich: Er verbindet den Ort des Weingenusses mit dem eigenen Bett. Er wird von keinem anderen befahren, niemand geht hier spazieren, und zum Ausklang des Abends erlebt man noch einmal die Natur. Er führt durch Weinberge, Felder und Wälder, und er ist nur dem Kenner bekannt.

Erstmals hörte ich von einem mir bis dato unbekannten »Promilleweg« bei einem der vielen Besuche im »Perron« in Hattenheim. Dort konsumieren auch junge Leute aus Hallgarten Wein und Bier und schwingen sich anschließend auf Mofa oder Rad. Auf der alten Bundesstraße an der EBS vorbei, durch die Bahnunterführung und den steilen Anstieg zu den Taunusbergen hinauf, ist das zu später Stunde kaum mehr zu bewerkstelligen. Die Alternative ist der Feldweg zwischen Hattenheim und Hallgarten. Vom »Perron« geht es ab der Bahnschranke die Waldbachstraße hinauf, am Friedhof und am Grillplatz vorbei und schließlich den schmalen Weg hinauf nach Hallgarten. Und einen solchen Weg gibt es auch zwischen fast allen anderen Rheingauer Orten. Einfach mal am Nachbartisch bei einem Glas Wein fragen.

Adresse 65347 Hattenheim | **ÖPNV** RheingauLinie oder Bus 171 bis Bahnhof Hatten-heim, dann zu Fuß die gleiche Strecke wie mit dem Auto. Bis Hallgarten sind es rund 2,5 Kilometer. | **Anfahrt** B 42, Abfahrt Oestrich-Hallgarten, dort im Kreisel erste Ausfahrt nach Hattenheim bis zum Bahnhof, gleich nach dem Ortseingang links, dann die Waldbach-straße hinauf | **Öffnungszeiten** durchgehend | **Tipp** Schon auf dem Promilleweg, aber noch im Ortsgebiet Hattenheim wäre ein »Rollschoppen« im Weingut Hans Bausch (Waldbach-straße 103) direkt an den Weinbergen möglich.

41 Die Straußwirtschaft »Im Burggraben«

Scheune am ehemaligen Schweinestall

Im kleinen Hattenheim begrüßt ein großer Holländer seine Gäste. Er schaut freundlich, ist ein wenig frech und hat ein immerwährendes Grinsen im Gesicht. Seine Gelassenheit ist berufsbedingt: Wie viele seiner Landsleute ist Onne Hoogeveen vor vielen Jahren dem Ruf der weiten Welt gefolgt und hat in Portugal als Barbesitzer so ziemlich alles gehört und gesehen. Er ist gute Seele und Servicekraft in der eigenen Straußwirtschaft.

In der Küche verbindet seine Frau die internationalen Erfahrungen mit der Rheingauer Kultur zu erwähnenswerten Rheingauer Tapas serviert auf einer Schiefertafel. Die Karte bietet noch mehr: Hausmacher Carpaccio, Nordischen Toast, Russische Eier, Hirtenkäse mit Zaziki, Käsegelage Geisenpeter oder ganz normale heimische Geschmacksproben vom Handkässchnitzel über Wildsülze bis Spundekäs. Natürlich schenkt Martina Statzner-Hoogeveen auch Wein aus. Von der guten Hattenheimer Lage Hassel gibt es einen privat gekelterten trockenen, einen halbtrockenen und einen milden. So lange, bis er leer getrunken ist. Sie hat den Laden von ihrer Schwester übernommen. 1886 wurde das Haus gebaut, seit 1920 ist es im Familienbesitz, und seit 1995 wird ausgeschenkt, »wo's Sträußche hängt«.

Hattenheim ist das Ziel von Genießern bester Küchenkunst aus der ganzen Welt. Jedes Jahr kommen Tausende zum Gourmet-Festival, zu den bekannten Restaurants der kleinen Weinbaugemeinde und zu erlesenen Veranstaltungen. Der Burggraben ist nicht weit von diesen kulinarischen Genüssen entfernt. Die deutsch-holländischen Gastgeber nennen ihren leicht mediterran anmutenden, mit Blumen geschmückten Hof, den kleinen ehemaligen Schweinestall und die malerisch dekorierte Scheune eine »Schatzinsel« mit feinen Rheingauer Spezialitäten. Dem ist nichts hinzuzufügen.

Adresse Burggraben 6, 65347 Hattenheim, Tel. 06723/3114 | **ÖPNV** RheingauLinie bis Bahnhof Hattenheim oder Bus 171 bis Haltestelle B 42, von dort zu Fuß 200 bis 300 Meter | **Anfahrt** wie überall in Hattenheim: am besten am Rheinufer parken und den Weg durch den mit Fachwerkhäusern geschmückten Ortskern bis zum Burggraben genießen (500 Meter) | **Öffnungszeiten** ab Anfang Mai – 3. Okt. Do – Sa ab 17 Uhr, So und feiertags ab 12 Uhr, dazu Sonderveranstaltungen wie »Portugiesische Tage« und »Holländische Tage« | **Tipp** Zu einem Burggraben gehört auch eine Burg, und die in Hattenheim kann sich nach vielen vom Burg- und Verschönerungsverein mitfinanzierten Renovierungen sehen lassen.

42 Das Weingut Schloss Schönborn

Fürstliche Aussichten

Wer mitten durch Hattenheim fährt, wird zuerst von der Vielfalt der historischen Fachwerkbauten verzaubert und am grauen Bahnhof von Tristesse eingeholt. Gegenüber der Zugstrecke ist eine lang gezogene Mauer, nicht weniger grau. Auch hinter den Mauern waren vor ein paar Jahren graue Wolken aufgezogen: Es wurden Fehler gemacht, ein bis dahin gefeierter Rheingauer Weinmacher wurde entlassen, und viele tausend Liter Wein wurden entsorgt.

Schnitt. Paul Graf von Schönborn-Wiesentheid, Inhaber eines der größten Familien-Weingüter im Rheingau, hat selbigen vollzogen. Er baute sich das Dach des Hattenheimer Anwesens zu einer Wohnung aus, um häufiger vor Ort sein zu können, und vollzog den Wechsel vom geschlossenen Weingut hinter Mauern zum weltoffenen und freundlichen Betrieb.

Nun ist alles öko: der nachhaltige und behutsame Ausbau des Weins auf den 40 Hektar zwischen Rüdesheim und Hochheim am Main, die sorgsam und geschmackvoll gewählten Materialien bei der Renovierung, auf der Sommerterrasse und im steil zum Rheinufer abfallenden Weingarten. Das eiserne Tor ist fast immer geöffnet, und der Blick auf das Anwesen und das am Fuße in seiner ganzen Breite glänzende Rheintal ist atemberaubend. In der modernen Vinothek wird täglich ab 12 Uhr ausgeschenkt. »Wir werden uns weiter öffnen«, verspricht Christian Valk, der Leiter des Rheingauer Weingutes, das seine Zentrale auf Schloss Weißenstein im unterfränkischen Wiesentheid unterhält. Von dort aus werden auch die Weingüter in Franken und Portugal sowie weitere Land-, Forst- und Teichwirtschaftsbetriebe. Auch im Rheingau sind die Schönborns noch an anderen Stellen vertreten: Im »Schloss Geisenheim« heiraten Paare aus ganz Deutschland, und in Winkel steht vielleicht das nächste Projekt: die »Klaus«, die noch hinter grauen Mauern verborgen liegt.

Adresse Hauptstraße 53, 65347 Hattenheim, Tel. 06723/91810 | **ÖPNV** RheingauLinie bis Bahnhof Hattenheim, gegenüber liegt das Weingut | **Anfahrt** B 42, Abfahrt Oestrich-Hallgarten, am Kreisel erste Abfahrt, dann der Straße bis zum Bahnhof folgen; gegenüber geht es in den Gutsgarten, Parkplätze im Hof und am Bahnhof | **Öffnungszeiten** täglich ab 12 Uhr | **Tipp** Genießen Sie beim Nachbarn im »Rheinblick« (Hauptstraße 55) selbigen.

43 Die Weinlagendecke

Sichtbare Weintraditionen

Ein einst schmuckes Hotel am Hattenheimer Rheinufer stand in den 1980er Jahren vor dem Aus. Das Haus war marode und wurde wegen Einsturzgefahr geschlossen. In dieser Zeit fuhr der Frankfurter Anwalt Hans B. Ullrich regelmäßig vorbei. Er hatte Erfahrungen bei der Sanierung der »Krone« in Assmannshausen gesammelt und entschloss sich 1990 zum Kauf des damals »Hotel Rebe« genannten Komplexes.

Eine zweijährige Renovierungsphase begann. Die historische Substanz sollte gesucht, entdeckt und aufbereitet werden. »Die Geschichte sichtbar und spürbar machen« war das Ziel. Das vielleicht schönste Zeichen dieser Entwicklung, in deren Zuge das frühere »Haus Lauteren« und »Hotel Ress« auch seinen heutigen Namen »Kronenschlösschen« erhielt, war die teilweise durchgebrochene Decke im heutigen Restaurant. Man entdeckte Malereien an den Stellen, die noch nicht einen Blick bis zum Dachstuhl ermöglichten. Ullrich ließ die Decke schließen und engagierte einen Frankfurter Spezialisten für die Rekonstruktion alter Malerei. Von den erhaltenen Originalteilen nicht zu unterscheiden, vervollständigte der Kunstmaler die fehlenden Elemente. Die ursprüngliche Kunst geht vermutlich auf einen Frankfurter Galeristen zurück, der Mitte des 19. Jahrhunderts diesen Teil des Anwesens als Ausstellungshaus für seine Künstler verwendete.

Neben den feinen Ornamenten und Grafiken schmücken jetzt wieder zwölf Wappen die Pfeiler des dreiteiligen Raumes. In der Mitte Hattenheim mit seinen angrenzenden Nachbarn Erbach, Eberbach und Oestrich. Im zum Garten zeigenden Flügel die bis heute gültigen Weinlagen Marcobrunn, Nussbrunnen, Steinberg und Wisselbrunnen und im hinteren Flügel die historischen Weinlagen Tillmetz, Schützenhaus, Hinterhaus und die noch existierende Hattenheimer Hassel. Wer einen Platz im Restaurant ergattert, kann die noch vorhandenen Weinlagen als Flasche oder im Glas natürlich bestellen.

Adresse Rheinallee, 65347 Hattenheim, Tel. 06723/640, www.kronenschloesschen.de |
ÖPNV Bus 171 bis Haltestelle Hattenheim B 42; das Kronenschlösschen liegt direkt an
der Haltestelle | **Anfahrt** B 42, direkt an der zentralen Abfahrt Hattenheim | **Öffnungs-
zeiten** Feb.–Dez. Di–Sa 18.30–22 Uhr, So und feiertags 12–14 und 18.30–22 Uhr |
Tipp In der heutigen »Turmsuite« des Hotels Kronenschlösschen bereiteten Konrad
Adenauer, Theodor Heuss und Carlo Schmid 1947/48 wochenlang das Grundgesetz vor.

44___Die feine Ecke
Frühchen-Stricken mit Tee und Gebäck

Rund 950 Kinder kommen jedes Jahr im Rüsselsheimer Klinikum auf die Welt. Einige davon vor dem geplanten Termin. Um sie kümmert sich das »MutterKindZentrum«, sorgt für beste medizinische Versorgung und berät Eltern und Familie. Was in der Regel fehlt, ist die passende Kleidung, denn die von den Eltern bereits angeschaffte Kollektion ist für die Frühgeborenen viel zu groß. Diesem Problem schenken Hochheimerinnen ehrenamtlich ihre Aufmerksamkeit. Sie stricken passende Mützchen, Söckchen, Pulswärmerchen und Stirnbändchen. Die mikroskopisch kleinen Teile werden aus gespendeten Wollresten produziert und kostenlos geliefert.

»Frühchen-Stricken« bildet den Wochenauftakt in der »feinen Ecke« in Hochheim, dem etwas anderen »Teefachgeschäft« von Simone Kaus. Man sitzt in der Werkstatt, einem liebevoll eingerichteten Raum mit großem Holztisch, Plüschtieren, Setzkasten und Kissen. Dienstags werden Utensilos und Mäppchen aus farbenfrohen Stoffen genäht. Mittwochs und donnerstags erklärt die Chefin persönlich die Kunst des Häkelns, und freitags gibt es einen Kurs für Kinder. Die selbstständige Handarbeiterin serviert ihren bunt gemischten Gruppen neben dem obligatorischen Tee Gebäck oder einen selbst gebackenen Kuchen. Man kennt sich, tratscht und lacht.

Die Kaufkundschaft sucht vor allem das 5.000 Jahre alte Tee-Getränk in allen Variationen und Geschmacksrichtungen. Zum Stricken und Häkeln vor Ort oder zu Hause gibt es Wolle in allen Farben und Qualitäten. Dazu »alles, was das Herz begehrt« – von Kurzwaren, Bändern und Vliesen über Trüffel, Pralinen, Gewürze und Marmeladen bis hin zu Accessoires für Heim und Garten, Geschenkideen und jeder Menge Lieblingsstücke, die dem Laden seinen heimeligen Charakter verleihen. Jeden ersten Montag im Monat werden ab 15.30 Uhr beim Englisch-Stammtisch die Fremdsprachenkenntnisse aufgefrischt – bei einer Tasse Tee, »of course«.

Adresse Burgeffstraße 6/Ecke Delkenheimer Straße, 65239 Hochheim am Main, Tel. 06146/601471, www.die-feine-ecke.de | **ÖPNV** Bus 68 vom Mainzer Hauptbahnhof bis Haltestelle Hochheim-Antoniushaus, von dort rund 400 Meter die Burgeffstraße in Richtung Zentrum | **Anfahrt** A 671, Abfahrt Hochheim-Süd, über Mainzer Straße und Am Daubhaus, rechts in die Burgeffstraße | **Öffnungszeiten** Mo–Fr 9–12.30 Uhr, Mo, Di, Do, Fr 14.30–18 Uhr, Sa 9–13 Uhr | **Tipp** Seit 1965 beraten, verkaufen und reparieren die Neumanns in ihrem Zweirad-Fachgeschäft auf mittlerweile 500 Quadratmetern rund ums Fahrrad (Massenheimer Straße 1, keine 100 Meter von der feinen Ecke entfernt).

45__ Der Gutsausschank Preis

Eine Portion Spießbraten bitte

Mein Freund Chris ist ein Genießer. Er bereist die Welt, sucht sich Destinationen mit Restaurants, die von Köchen bestens betreut werden, und gibt sich am liebsten mit nichts weniger zufrieden. Chris kam zu Besuch. Was tun? Die einschlägigen Kochparadiese im Rheingau von der Adlerwirtschaft über Burg Schwarzenstein bis Zum Krug waren längst bekannt. Und auch mit den Restaurants in den Weingütern der Schlösser Reinhartshausen, Johannisberg und Vollrads konnten wir ihn nicht überraschen.

Wir entschlossen uns für eine Pionierlösung: »Wollten wir immer mal probieren. Soll einfach, aber lecker sein.« Rund um das anvisierte Weingut Preis tobte gerade das Hochheimer Weinfest in der mit Fachwerkhäusern, Fähnchen und Blumenbänken geschmückten Altstadt. Wir betraten den überdachten und proppenvollen Hof des Gutsausschankes. Sitzplätze für vier Personen waren nicht zu sehen. Eine quirlige Bedienung des Familienbetriebs erspähte uns, rief über die Köpfe der Gäste: »Vier Leute?«, und ohne eine Antwort abzuwarten: »Kommt mal mit!« Einen Wimpernschlag später standen wir in einem kleinen Nebenraum der Küche, in der der Begriff »hektisches Treiben« eine klare Untertreibung wäre. Es gab eine große »runde Eckbank«, ein Begriff, den wir als Kinder bei unserer Oma gelernt haben. Wir nahmen Platz, und zwei Minuten später rutschten wir für noch ein Pärchen weiter zusammen und suchten uns aus den angebotenen Rebsorten Riesling, Silvaner, Gewürztraminer, Spätburgunder, Dornfelder und Portugieser vier Schoppen zwischen 2,50 und 3,50 Euro aus. Dazu gab es die Spezialität des Hauses: zweimal kleine und zweimal große Portion Spießbraten mit Zwiebeln und Soße.

Das war vor rund zwei Jahren. Chris geht seitdem regelmäßig »zum ›Preis‹ für den besten Spießbraten der Welt«. Im Winter sind die Plätze im Innern nicht weniger begehrt, der Innenhof wird dann mit Heizpilzen passend gemacht.

Adresse Rathausstraße 17, 65239 Hochheim am Main, Tel. 06146/9674 | **ÖPNV** S 1 bis Hochheim Bahnhof, von dort 1,3 Kilometer, oder Bus 68 bis Haltestelle Wiesbadener Straße, von dort 300 Meter | **Anfahrt** A 671, Abfahrt Hochheim-Süd, der Beschilderung Zentrum folgen und nach der Weiherstraße geradeaus in die Rathausstraße fahren | **Öffnungszeiten** Mi–Sa ab 17 Uhr, So und feiertags ab 12 Uhr | **Tipp** Hessens erstes Weinbaumuseum zeigt in einem 1902 gebauten Gewölbekeller Exponate rund ums Thema Weinbau (Wiesbadener Straße 1, Sa 14–16 Uhr, So 15–17 Uhr).

46 Die »Riesling Stuben«

Achtung: Kopf einziehen, niedrige Decken

Ein Heimatmuseum ist ein altes Haus mit alten Räumen und alten Sachen. Wenn es drei Häuser sind und noch ein Innenhof mit historischen Pflastersteinen dazukommt, spricht man wohl von einem Freilichtmuseum. In der Hochheimer Altstadt steht eine solche Komposition der Baukunst des 16. bis 18. Jahrhunderts. Das ehemalige Wohnhaus an der Ecke trägt im Gegensatz zum restlichen Gemäuer die Aichgasse Nummer 8 als Adresse. An selbiger ist die komplette Front mit Efeu bewachsen, das dunkle Fachwerk und der rötliche Putz grenzen das Gebäude malerisch von seiner Umgebung ab. Spätestens beim Anblick der überquellenden Blumenkästen möchte man hinein.

Und das ergibt einen Sinn: Hier ist alles herrlich »schepp und krumm«. Man spürt die Last der Jahrhunderte wie bei einem gebeugten Rücken. Der Hof ist dezent geschmückt, braucht auch nur wenig, denn der mit großen und kleinen Steinen gepflasterte Boden und die als Dach über den Sitzen schwebenden Weinranken machen Freude. Geradeaus geht es in den barocken Weinkeller aus dem 15. Jahrhundert, in dem zwei Handvoll Weingenießer Weine verkosten. Darüber ist die Küche. Im Haupthaus finden sich unzählige teils winzige, teils überraschend geräumige Zimmer. Die Decke hängt fast überall tief. An den Wänden Erinnerungen von früher bis zum heutigen Mainz 05er-Fanclub.

So ein Prunkstück muss ständig ausgebessert werden. Das kostet Energie und Geld und sorgt immer wieder für wechselnde Betreiber, wobei es nun seit sechs Jahren in fester Hand ist. Silke und Erwin Klump haben lange auf den heutigen, guten Zustand gewartet und 2010 losgelegt. Auf den Teller kommen Klassiker aus der Pfanne und vom Grill sowie frische Salate und ins Glas beste Hochheimer Winzererzeugnisse von Himmel bis Künstler. Im Sommer wird draußen gesessen, im Winter geht's in die warme Stube. Dort fühlt man sich dann ein wenig wie in einem wunderschönen alten Heimatmuseum.

Adresse Wintergasse 9, 65239 Hochheim am Main, Tel. 06146/9073784, www.riesling-stuben-hochheim.de | **ÖPNV** S 1 bis Hochheim Bahnhof, von dort 1,2 Kilometer, oder Bus 68 bis Haltestelle Wiesbadener Straße, von dort 400 Meter | **Anfahrt** A 671, Abfahrt Hochheim-Süd, der Beschilderung Zentrum folgen und nach der Weiherstraße geradeaus in die Rathausstraße und weiter in die Aichgasse fahren | **Öffnungszeiten** Mi–Sa ab 17 Uhr, So und feiertags ab 11.30 Uhr | **Tipp** Rund 100 Meter weiter südlich beginnt die Weinlage »Königin Victoriaberg«, die an den Besuch der Queen im Jahr 1845 mit einem Denkmal erinnert. Dort erfahren Sie auch, warum die Engländer zu Rheinweinen »Hock« sagen.

47 Das Weingut im Weinegg

Jungwinzer in kirchlichem Traditionshof

Eine überraschende Einladung eines kleinen Verlages zu einer Weinprobe machte den Anfang. Es sind diese Zufälle, die uns an Orte bringen, die wir nicht mehr missen wollen. Johann Wolfgang von Goethe wird passend dazu auf der Webseite des Hochheimer Gutshofes Weinegg zitiert: »Kein Genuss ist vorübergehend; denn der Eindruck, den er zurücklässt, ist bleibend.«

Bleiben wird die Erinnerung an den blutjungen, rotbäckigen Winzer, der sich 2010 mutig vor die versammelten Gäste und die Pressevertreter stellte. Der gebürtige Idsteiner hatte das Glück, dass die zum Hof gehörenden Weinberge einige Jahre von Winzern »nur so mitgemacht« wurden und diese froh waren, dass ihnen ein anderer die Arbeit wieder abnahm. Unmittelbar nach dem Studium an der Geisenheimer Hochschule für Önologie fand sich der Jungwinzer in einem der traditionsreichsten Weingüter des Rheingaus wieder.

Fabian Schmidt kann seine Hochheimer Weinlagen zu Fuß erreichen: Hofmeister, Domdechaney, Kirchenstück, Stein, Reichestal, Stielweg und die berühmte Hochheimer Hölle liegen rund um die von Weitem sichtbare Barockkirche Sankt Peter und Paul. Weinwanderungen und Weinspaziergänge zu den bis zu 40 Jahre alten Rebstöcken gehören zum Angebot.

Dass ein Wein bekanntlich im richtigen Umfeld, bei entsprechendem Licht und in guter Gesellschaft am besten schmeckt, kommt dem im 13. Jahrhundert erstmals erwähnten »Dompräsenzhof« zugute. Nur einen Steinwurf von der Kirche entfernt lieferte er vor allem den Nachschub für die Geistlichen. Die Bankiersfamilie Aschrott von Cassel übernahm 1823 und blieb über mehrere Generationen dem Weinbau treu. Heute findet man in dem hochwertig sanierten und unter Denkmalschutz stehenden Gutshof neben dem Weingut im Weinegg noch ein mediterranes Restaurant, einen Weingewölbekeller und die hübsche, mit Kunstwerken behangene Vinothek, die immer für eine Überraschung gut ist.

Adresse Kirchstraße 38, 65239 Hochheim am Main, Tel. 06146/9073990 oder 0170/5559208, www.weinegg.de | **ÖPNV** S 1 bis Hochheim Bahnhof, von dort 900 Meter bergauf durch die Weinberge | **Anfahrt** A 671, Abfahrt Hochheim-Süd, der Beschilderung Zentrum folgen und nach der Weiherstraße leicht links in die Kirchstraße fahren | **Öffnungszeiten** Vinothek: Mi 18–20 Uhr, Fr 18–21 Uhr, Sa 12–14 und 18–21 Uhr, So 14–19 Uhr und nach Vereinbarung; Restaurant: Mi–Mo 11.30–14.30 und 17.30–23 Uhr | **Tipp** Schräg gegenüber steht Hessens einzige spätbarocke Fresko-Kirche aus den Jahren 1730 bis 1732, die Sankt-Peter-und-Paul-Kirche.

48__Der 110-Stufen-Weg

Über ausgetretene Pfade zum Johannisberg

Viele Wege führen zum Schloss Johannisberg. Die Wiege der Spätlese thront über dem Rhein und zieht Menschen aus der ganzen Welt an. Viele kommen mit dem Bus und laufen an dem ehemaligen Wohnhaus der Fürstin von Metternich-Winneburg und dem Spätlesereiter vorbei zu den beliebten Aussichtspunkten. Andere fahren mit dem Auto und genießen die großen Veranstaltungen wie das beliebte Sommerfest, Konzerte des »Rheingau Musik Festivals« oder die Krönung der Weinköniginnen. Wanderer kommen aus allen Himmelsrichtungen und finden in der Vinothek aktuelle Weine und ein paar ausgewählte Raritäten des weltbekannten Weingutes. Wer eine Führung gebucht hat, steht kurz darauf staunend in dem beeindruckenden Johannisberger Schlosskeller mit vielen Holzfässern unter alten Steingewölben.

Die Schlossallee des ehemaligen Benediktinerklosters ist der bekannteste Weg. Gebaut im 19. Jahrhundert, verhilft sie dem Schloss bereits bei der Anfahrt zu seiner Erhabenheit. Zuvor wurden Wirtschaftswege rund um den Berg angelegt, die mit annehmbaren Steigungen zum Gipfel führten. Direkte Wege sind aufgrund der Steilheit selten. Einer davon ist eine alte Treppe, die den Johannisberger Grund mit dem Schloss verbindet. Gegenüber dem heutigen Weingut Dr. Gietz und der Vinothek Wein-Kiste führt der idyllische Weg zwischen den Häusern zu der oft verwilderten Treppe. Einst teilte dieser Weg die früheren Weinlagen Nonnenhöll und Kochsberg, die heute in der Einzellage »Schloss Johannisberg« vereint sind.

Der erste Abschnitt ist mit Zweigen und Blättern überdacht. Danach öffnet sich die Sicht auf den Himmel, und man steigt rechts und links an alten, efeubehangenen Mauern empor. Die Treppenstufen sind durchgetreten, die gepflasterten, stufenlosen Zwischenstücke in besserem Zustand. Insgesamt 110 Stufen sind es, die in Richtung Schloss Johannisberg weisen und den vielleicht schönsten Weg hinauf ausmachen.

Adresse Grund 26 und 28, 65366 Johannisberg | **ÖPNV** RheingauLinie bis Bahnhof Geisenheim, dann Bus 183 bis Haltestelle Johannisberg-Grund | **Anfahrt** B 42, Abfahrt Geisenheim-Johannisberg, nach dem Ortsschild Johannisberg bis Hausnummer 24 rechts, Parkplätze am Straßenrand und in Nebenstraßen | **Öffnungszeiten** durchgehend | **Tipp** Wer sich am Gipfel belohnen möchte, findet beim Münchener Gastro-Profi Käfer im Gutsrestaurant einen Platz oder holt sich einen Picknickkorb für unterwegs.

49__Der 50. Breitengrad

Einmal um die ganze Welt

Zu Fuß erreicht man den 50. Breitengrad unterhalb von Schloss Johannisberg am schönsten nach einem kleinen Anstieg von Geisenheim oder Winkel. Der Weg führt durch die Weinlagen Hasensprung oder Klaus in Richtung des Geburtsortes des Spätlesereiters. Der war 1775 zu spät mit der Lese-Erlaubnis aus Fulda zurückgekehrt und zeichnet so für die Entdeckung der Spätlese verantwortlich. Zwischen zwei Rebzeilen wurde das Zeichen für den geografischen Standpunkt des Schlossbergs gesetzt. Fotoapparate werden gezückt, Selfies geknipst, und aus einem der Rucksäcke kommt der Proviant.

Von hier aus sieht man auf den Rhein, bis zu den Hochhäusern des ZDF, zu den Windrädern Rheinhessens und zum Bingener Rochusberg mit der majestätischen Kapelle. Wir köpfen eine Flasche »Gelblack«, einen trockenen Riesling vom – na klar – Weingut Schloss Johannisberg. Ich schließe die Augen und reise entlang des 50. nördlichen Breitengrades. Zu der sanften Landschaft Cornwalls. Über den rauen Atlantik mit Walen und Eisbergen. An einem davon sank die Titanic. Quer durch die Naturwunder Kanadas. Hinauf zu den riesigen Rocky Mountains bis nach Vancouver Island, von wo aus Lachse jedes Jahr zum Laichen in süßere Gewässer schwimmen.

Einmal um die halbe Welt über den pazifischen Ozean trifft der 50. Breitengrad auf Vulkane und den Kurilensee in Kamtschatka. Nirgendwo sonst gibt es mehr Bären, und nirgendwo sonst sind mehr Wilderer auf der Jagd nach ihnen. Es ist angenehm warm am Rhein, doch jetzt, im Rheingauer Sommer, brennt parallel die Luft in der Wüste Kasachstans bei 70 Grad Celsius. Im Winter werden hier bis zu minus 40 Grad gemessen, auf dem 50. Breitengrad. Adler und Wölfe begleiten die Gedanken bis nach Prag und ins Frankenland, wo der Wein sich so gut entwickelt hat. Apropos Wein: Ich öffne die Augen und genieße eine der schönsten Regionen Deutschlands – was sage ich – der Welt. Zum Wohl.

Adresse Schloss Johannisberg, 65366 Johannisberg, die Stele steht unterhalb des Schlosses gut sichtbar in den Weinbergen | **ÖPNV** RheingauLinie bis Bahnhof Geisenheim, von hier zu Fuß rund 3 Kilometer, oder mit dem Bus 171 bis Haltestelle Winkel Kapperweg, von hier rund 1,7 Kilometer | **Anfahrt** B 42, Abfahrt Winkel/Johannisberg, der Beschilderung Johannisberg, dann Schloss Johannisberg folgen | **Öffnungszeiten** durchgehend | **Tipp** Eine gute Einkehrmöglichkeit auf dem Weg nach Winkel ist das Weingut Ankermühle im Kapperweg, das man auch von der Stele bereits unterhalb sehen kann.

50_ Die Klaus

Der vielleicht stillste Ort im Rheingau

Mit der Natur verschmolzen liegt am Fuße der steilen Weinberge vor Schloss Johannisberg eine Ansammlung alter Gebäude, die Mauern von Ranken übersät, die Eingänge verwildert und das Gras so hoch, dass sich Fuchs und Hase darin ungesehen jagen können. Das Eingangstor ist verriegelt, nur von der Südseite hat man über eine niedrigere Mauer einen guten Einblick. Von den Aussichtsplätzen auf Schloss Johannisberg ist das ehemalige Kloster Sankt Georg in seiner malerischen Lage mitten im Grünen zu erkennen.

Die Weinlage rund um das Anwesen ist die Johannisberger »Klaus« – abstammend vom lateinischen »clausum«, Klosterzelle. Und genau das war die um 1130 errichtete Wohnstatt für Benediktinerinnen. Die zuvor im Westen des Männerklosters auf dem Berg beheimateten Nonnen waren wohl zu dicht am Leben der Mönche. Der Einsiedlerhof brachte die Lösung, eine Kapelle zu Ehren des heiligen Georg wurde gebaut. Auf der schmiedeeisernen Wetterfahne des Kirchenhauses ist das Bild des Schutzpatrons noch heute zu sehen.

Das Kloster hatte es allerdings schwer, war immer abhängig und geriet zunehmend in wirtschaftliche Schwierigkeiten. Bereits 1452 wurde es wieder aufgelöst, der Besitz wechselte zurück zu den Johannisberger Benediktinern. In der Folge drehte sich das Wasserrad einer Mühle an der Klaus am Elsterbach. Einzig sichtbares Kennzeichen davon ist jetzt der Mühlenwanderweg, der an den historischen Mauern vorbeiführt. 1603 übernahmen die Grafen von Schönborn Mühle, Kapelle und Wirtschaftsgebäude und pflegen auch heute noch ihren Besitz. Ein Teil des Daches wurde erst vor Kurzem erneuert. Wann der Rest folgen wird und wieder Leben in die unberührte Natur einzieht, bleibt offen. Übrigens: Die Klaus gehört eigentlich zu Oestrich-Winkel, der Wein von dieser Stelle trägt allerdings den Namen Johannisberger, und auch die 50 Meter entfernten Privathäuser stehen in Johannisberg.

Adresse Kapperweg, 65375 Winkel | **ÖPNV** RheingauLinie bis Bahnhof Geisenheim, dann Bus 183 bis Haltestelle Johannisberg Grund, dann zurück zum Ortsschild laufen und links in den Weg einbiegen; die Klaus liegt keine 200 Meter weiter rechts | **Anfahrt** B 42, Abfahrt Geisenheim/Johannisberg, der Beschilderung Johannisberg folgen, nach dem Ortsschild Parkplatz am Straßenrand suchen; zu Fuß geht es den ersten Weg nach dem Ortsschild rechts hinein | **Öffnungszeiten** von außen immer zu besichtigen, innen geschlossen | **Tipp** Vom Restaurant des Schlosses Johannisberg hat man eine herrliche Aussicht – auch auf die »Klaus«.

51__Der Weinprobierstand Johannisberg

Einer ist immer der Jüngste

Auf der offiziellen Webseite des Tourismusverbandes findet man eine Liste der Rheingauer Weinprobierstände. Die Idee ist immer die gleiche: Im jeweiligen Ort ansässige Winzer öffnen im Wochenwechsel die Luken und schenken ihre Weine aus, mal mit mehr, mal mit weniger kulinarischen Kleinigkeiten dazu. Es ist eigentlich vermessen, einen der Stände davon besonders hervorzuheben. Ich denke an den unscheinbaren in Wicker direkt am »Tor zum Rheingau« und den Hochheimer mitten auf dem »trockenen Weiher«. Oder an den in Walluf, der so beengt ist, dass es dort auch an kalten Tagen warm wird. Natürlich an den in Eltville, unter Platanen mit einer Boulebahn. Und an den in Hattenheim mit seiner riesigen Rheinwiese drum herum. Martinsthal ist etwas für die ganze Familie, und von Rauenthal aus kann man in alle Richtungen wandern und in die Ferne schauen. Die Kiedricher wären beleidigt, wenn ich den Platz unter der »Scharfenstein« nicht erwähnen würde. Und wer Kiedrich sagt, muss auch Weintreff Erbach sagen, er ist der modernste seiner Art. In Mittelheim fährt die Fähre, in Geisenheim spielen die Kinder nebenan, und in Rüdesheim steht man mitten auf dem Markt. In Assmannshausen muss man ein wenig suchen, in Lorch ist selbst das umsonst – es gibt gar keinen. Und dann stehen noch welche in Flörsheim, Kostheim, Schierstein, Biebrich, Frauenstein, Hallgarten und … Johannisberg.

Der Johannisberger Weinprobierstand wurde erst Pfingsten 2016 nach einem Umzug zum 200 Meter entfernten Flurbereinigungsdenkmal – ja, so etwas gibt es tatsächlich – eröffnet. Fünf Weingüter teilen sich den Platz am Panoramaweg, dessen Name bei einer perfekten Rundum-Aussicht Programm ist. Um die Holzhütte sitzt man auf Biergarnituren oder einer Steinbank. Schloss Johannisberg liegt am Hang über dem Tal des Johannisberger Grundes, Geisenheim zu Füßen und die Binger Rochuskapelle auf der anderen Seite.

Adresse Hohlweg (rund 100 Meter nach den letzten Wohnhäusern), 65366 Johannisberg |
ÖPNV RheingauLinie bis Bahnhof Geisenheim, dann Bus 183 bis Haltestelle Johannisberg
Grund, dann wie bei Anfahrt beschrieben | **Anfahrt** B 42, Abfahrt Geisenheim/Johannisberg,
der Beschilderung Johannisberg folgen, nach dem Ortsschild Parkplatz am Straßenrand
suchen; zu Fuß geht es links in die Peter-Cornelius-Straße und anschließend den Schildern
hinterher durch den Hohlweg | **Öffnungszeiten** im Sommer Fr ab 17 Uhr, wochenends
ab 15 Uhr | **Tipp** Die teilnehmenden Weingüter Chat Sauvage (Hohlweg 23), Abteihof
St. Nicolaus (Grund 19), Dr. Gietz (Grund 35), Scholl (Hütte 25) und Hanka (Grund 39)
liegen alle im Umkreis von 500 Metern. Dort bekommt man den gefundenen Lieblingswein
zum Mitnehmen.

52 Das Graf-Matuschka-Greiffenclau-Denkmal

Von einem Rheingauer Familiendrama

Kurz vor Burg Scharfenstein, gegenüber dem Kiedricher »Weinberg der Ehe«, wird eines großen Rheingauers gedacht. Eine Steinsäule erinnert am Rande der Premium-Weinlage Turmberg an Erwein Maria Eberhard Josef Benedikt Martin Graf von Matuschka, den Freiherrn von Greiffenclau und Freiherrn von Toppolczan und Spaetgen, in Kurzform: Graf Matuschka-Greiffenclau – oder wie wir Rheingauer sagen: den Grafen.

Der hatte sich sein ganzes Leben für den Rheingauer Wein eingesetzt, war Vorsitzender der VDP-Weingüter, Präsident des Rheingauer Weinbauverbandes, Mitgründer von »Pro Riesling« und Verwalter des ältesten Familienweingutes der Welt, Schloss Vollrads. Weltweit kannte man ihn als Repräsentanten des deutschen Weines im Allgemeinen und des Rheingauer Rieslings im Besonderen. Er gilt als Erfinder der Schlemmerwochen, die bis heute Tausende Gäste in die hintersten Zimmer der Rheingauer Weingüter spülen. Sein Leben kannte nur eine, die engagierte und erfolgreiche Richtung, das Weingut dagegen erlebte auch schlechte Zeiten.

Der »Spiegel« thematisierte den Zwist in der adeligen Familie. Am 18. August 1997 zog die Nassauische Sparkasse, Hausbank des Schlosses, die Reißleine und beantragte die Insolvenz des Weingutes. Am selben Abend machte der 58-jährige Graf sein Testament und erschoss sich. Zu groß war der Stolz für ein Leben in zweiter Reihe. Schloss Vollrads hat die Wende vollzogen und gehört heute wieder zu den großen Weingütern im Rheingau.

Seine Säule wurde 2007 an einen Ort mit herrlichem Ausblick gestellt. Das bestätigt das Deutsche Weininstitut und verlieh dem Blick von der Burg Scharfenstein ins Rheingautal den Titel »Schönste Weinsicht 2016«. Die Auszeichnung dafür steht ganz in der Nähe der Erinnerungsstätte.

Zum Gedenken
an
Erwein
Graf
Matuschka-
Greiffenclau
＊ 14. Nov. 1938
＋ 19. Aug. 1997

Adresse Burg Scharfenstein, 65399 Kiedrich | **ÖPNV** RheingauLinie bis Bahnhof Eltville
am Rhein, dann Bus 172 bis Haltestelle Kiedrich-Draiser Weg, von dort über Eltviller Straße
rechts in den Mühlweg und bis zum Weinprobierstand | **Anfahrt** B 42, Abfahrt Kiedrich, nach
dem Ortsschild der Beschilderung zum Weinprobierstand folgen; hier parken und 15 bis
20 Minuten zu Fuß bergauf in Richtung Burg Scharfenstein. Rund 150 Meter vor der Burg
steht das Denkmal am linken Wegesrand. | **Öffnungszeiten** durchgehend | **Tipp** Kehren
Sie nach dem Genuss der Weinsicht nach Kiedrich zurück und erheben Sie vor den ersten
Häusern am Weinprobierstand ein Glas Riesling auf den Grafen.

53 Der Hedwig-Witte-Blick

Buch mitnehmen und Mundart lernen

Kiedrich empfiehlt zehn Wanderwege. Für vier Euro bekommt man eine Karte dazu. Die darin enthaltene 14,3 Kilometer lange Tour Nummer 4 führt an einem Aussichtspunkt vorbei, der zwischen den Gipfeln der Bäume einen Blick auf das gotische Weindorf, seine Burg Scharfenstein und die Valentinuskirche ermöglicht. Die Kiedricher haben an dieser Stelle einen Holzunterstand mit Sitzgelegenheiten aufgestellt. Wanderer können hier bei jedem Wetter unterhalb des Heidekopfes auf rund 460 Metern entspannt ausruhen und die mitgebrachte Verpflegung verzehren.

1980 wurde dieser Rastplatz gebaut, sein Name: Hedwig-Witte-Blick. Die Kiedricher ehren damit die bedeutendste Rheingauer Heimatdichterin – und das, obwohl sie in Eltville geboren wurde. An dieser Stelle muss erläutert werden, dass die »Kidderischer« einen Eltviller Bürger gerne als »Dalbe« bezeichnen, was einem Tölpel entspricht. Mindestens einmal im Jahr kann man dies an Fassenacht »in de Bütt« hören, und die Eltviller spotten dann natürlich zurück. Dabei ist es in diesem Fall ganz einfach, denn Hedwig Witte lebte in der Klostermühle, die auf den ersten Blick zwar in Eltville liegt, postalisch aber zu Kiedrich gehört.

Die also in Kiedrich lebende Eltvillerin und Trägerin des Bundesverdienstkreuzes pflegte das Rheingauer Platt und gründete den Rheingauer Mundartverein. Unter dem Motto »Was gebb eich for mei dumm Gebabbel« hatte sie als »Lisbethche« eine eigene Kolumne im Wiesbadener Kurier. Mit ihren Gedichten, Geschichten, Bauernweisheiten und Theaterstücken legte sie den Grundstein für die Erhaltung und Fortführung der Rheingauer Sprache und lieferte gleich noch eine Liebeserklärung mit: »Duht das nit vergesse … halt der Rheingau liegt in Hesse! Un is rings im ganze Land als ›gut Stubb‹ beliebt, bekannt.« Also am besten für diesen Ort ein Hedwig-Witte-Buch in den Rucksack stecken und »schepp lache«.

Adresse Hedwig-Witte-Blick, 65399 Kiedrich | **Anfahrt** B 42, Abfahrt Kiedrich; parken an der Valentinuskirche, dann im Rathaus (Marktstraße 27) Wanderkarte holen oder von Kiedrich weiter in Richtung Hausen vor der Höhe und in einer steilen Rechtskurve auf dem Parkplatz »Butterhütte« halten; von hier sind es noch rund 900 Meter auf dem am Hang und teilweise parallel zur Straße verlaufenden Wanderweg | **Öffnungszeiten** Hedwig-Witte-Blick: durchgehend; Rathaus: Mo, Di, Do 8–12 Uhr, Mi 8–18 Uhr, Fr 8–12.30 Uhr | **Tipp** Nach der Wanderung bietet sich ein Besuch in der ehemaligen Wohn- und Wirkungsstätte von Hedwig Witte (An der Klostermühle 3) in Eltville an. Im idyllischen Innenhof und im Restaurant werden regionale Speisen und Klostermühlenweine angeboten.

54 Die Helmrichsmühle

Vierhändiges Zaubern mit Ton

Aus den Quellen in den Wäldern von Kiedrich entspringen kleine Bäche, die sich im Kiedricher Bach vereinen. Auf dessen kurzem Weg zum Rhein stehen Mühlen: die als Veranstaltungsort beliebte Waldmühle und die von der Eltviller Weingutsfamilie Hulbert bewohnte Egertsmühle. Eine Gästepension steht am Standort der abgebrannten Ankermühle, und in der gut erhaltenen Weihermühle wohnen die Nachkommen des letzten Müllers. Auch die Kölsche Mühle wird privat genutzt, und von der Klostermühle am Stadtrand von Eltville war schon im vorherigen Kapitel die Rede (siehe Ort 53).

Eine weitere Mühle war ab 1361 im Besitz der Mainzer Dominikaner. Der Vater des Kiedricher Kunstmalers Franz Walter Leopold Helmrichs, Adolf Helmrich, baute sie 1921 nach einem Brand wieder auf und gab ihr den jetzigen Namen. Heute ist sie in der Tradition des Malers eine Mischung aus Kunst und Handwerk. Birte Timmsen ist Tai-Chi- und Vergolder-Meisterin. Sie lehrt die innere asiatische Kampfkunst und veredelt Oberflächen von Bilderrahmen mit Blattgold. Nebenan reparieren Helmut und Reinhard Tarassow, beide Kfz-Meister seit 1981, Kraftfahrzeuge. Thomas Benirschke ist der Ton-Künstler der Mühlenrunde. Der studierte Keramikdesigner lernte im benachbarten Erbach bei der Bauhaus-Schülerin Walburga Külz, eröffnete 1981 seine eigene Werkstatt und tourt seitdem mit einer aus Fundstücken und Scherben gebauten Töpferscheibe durch die Lande.

Die etwas andere Tonscheibe ist ein Unikat, an dem die meist kleinen »Zauberlehrlinge« den Ton spüren und mit Hilfe von Thomas formen und gestalten lernen. Mit dem Programm »Vierhändig zaubern – Töpfern der besonderen Art« trifft man den gebürtigen Eltviller auf Töpfer- und Kunsthandwerkermärkten, Straßen-, Kinder- und Gauklerfesten. Seine Reisen führen ihn in alle Regionen Deutschlands, aber auch nach halb Europa von England bis Italien. Immer »Ohren auf, Augen auf« empfiehlt der Geerdete und ist auch mit über 60 Jahren noch kindlich wachsam.

Adresse Eltviller Straße 4b, 65399 Kiedrich, Tel. 06123/3955, www.kunstaspekte.de/
thomas-benirschke | **ÖPNV** RheingauLinie bis Bahnhof Eltville, von dort 2 Kilometer
zu Fuß in Richtung Kiedrich, oder Bus 172 ab Bahnhof Eltville bis Haltestelle Kiedrich
Gärtnerei Bellinghausen | **Anfahrt** B 42, Abfahrt Kiedrich, der Straße L 3035 in Richtung
Kiedrich folgen, nach 200 Metern Privatweg rechts | **Öffnungszeiten** durchgehend von
außen | **Tipp** Die Helmrichsmühle ist eine von vielen Mühlen entlang des Kiedricher
Bachs, die man von der Klostermühle in Eltville bis zur Waldmühle oberhalb von Kiedrich
in Teilstücken erwandern kann.

55 Der Kahle Born

Wasser zapfen frisch aus dem Berg

Der Rheingau, die Kulturlandschaft am Rhein, bekommt sein Wasser – wie zwei Millionen weitere Menschen im Rhein-Main-Gebiet – aus dem Hessischen Ried. Es ist lange unterwegs und dementsprechend teuer. Besser geht es den Einwohnern von Kiedrich. Aus den Taunusanhöhen rund um die Weinbaugemeinde fließt Wasser aus mehreren Quellen. Die Qualität ist gut und gesund.

Zwei dieser Quellen sind gut erreichbar. Die Vichow-Quelle liegt an der Waldstraße, der L 3035, Richtung Hausen vor der Höhe. Das Wasser enthält Arsen und soll bei Rheuma, Stoffwechsel-, Nieren- und Blasenerkrankungen lindernd wirken. Allerdings ist nicht mehr als ein Wasserglas pro Tag zu empfehlen, sonst machen sich die anderen Eigenschaften des aus Kriminalgeschichten bekannten Giftes bemerkbar.

Rund drei Kilometer entfernt von diesem aus einem Betontropfen fließenden Nass liegt in einer rechten Haarnadelkurve auf der linken Seite der kleine Parkplatz »Butterhütte«, von dem aus der Naturpark Rhein-Taunus Wanderungen empfiehlt. Von hier geht es im Neunzig-Grad-Winkel zur Straße 200 Meter quer durch den Wald zur Quelle »Kahler Born«. Es gibt kein Schild, und auch ein Weg ist kaum erkennbar. Oft trifft man andere Quellenbesucher, die sich ihr Trinkwasser gerade holen, und folgt ihnen an Nadelbäumen vorbei über Wurzeln bis auf 455 Meter Höhe.

Aus einem Rohr plätschert das Wasser auf die vom hohen Eisengehalt rostrot gefärbten Steine. Wasserkästen und Plastikbehälter werden gefüllt und den steilen Hang wieder hinuntergetragen. Die Mühe lohnt sich: Das Wasser ist kalt, lecker und enthält neben Eisen viele andere Mineralien. Wenn gerade niemand frisch aus der Quelle zapft, geht es im schmalen Rinnsal ins Tal. Dort befüllt der Kahle Born zusammen mit weiteren Quellen am Pfaffenborn und am Wolfsborn den Kiedricher Bach. Wanderwege entlang des kleinen Gewässers führen an Mühlen vorbei bis zur Mündung in den Rhein in Eltville.

Adresse Kahler Born, 65399 Kiedrich | **Anfahrt** L 3035 bis Parkplatz »Butterhütte«, 3,5 Kilometer hinter Kiedrich, 1,5 Kilometer vor Hausen vor der Höhe | **Öffnungszeiten** durchgehend | **Tipp** Ein wenig begangener Wanderweg führt vom Parkplatz »Butterhütte« über den sonnigen Heidekopf durch den Wald zur Förster-Müller- und Förster-Rau-Eiche bis zum Kloster Eberbach. Wer leise ist, kann Wildtiere sichten.

56 Der Steig zur Scharfenstein

15 Minuten wie im Hochgebirge

Kiedrich ist mit seiner Sankt-Valentinus-Kirche, der spätgotischen Orgel und dem Knabenchor mit gregorianischem Choral reich mit Sehenswürdigkeiten gesegnet. Dazu kommt noch das alles überragende Wahrzeichen der Weinbaugemeinde mit dem Beinamen »Schatzkästchen der Gotik«: die 230 Meter hoch gelegene Ruine der Burg Scharfenstein. Der kilometerweit sichtbare Burgfried der ehemaligen Spornburg strahlt nach der jüngsten Sanierung weiß zwischen Weinbergen und immergrünen Wäldern. Wer nach Kiedrich läuft oder fährt, wird von dem 1160 errichteten Bauwerk, dessen Wohn- und Wirtschaftsgebäude längst verschwunden sind, geradezu magisch angezogen.

Viele Wege führen zur »Scharfenstein«. Die meisten Besucher fahren oder gehen über das schmale Asphaltband durch die Wingerte – auch um unterwegs den »Weinberg der Ehe« zu sehen, in dem sich Hunderte Paare durch ein Jawort in Kiedrich einen Rebstock gesichert haben. Die Aussicht unterwegs ist bereits atemberaubend, auf dem Grillplatz an der Ruine erst recht und bei den seltenen Gelegenheiten einer Turmbesteigung perfekt. Wer Bergsteigen mag, findet am Ende der parallel zum Kiedricher Bach verlaufenden Scharfensteiner Straße den versteckten Eingang eines steilen Pfades. Es geht an Sträuchern und Bäumen vorbei in Serpentinen hinauf, teilweise mit großen Schritten über Wurzeln und Natur-Treppenstufen. Nach rund zehn bis 20 Minuten, je nach Tempo, ein paar Äste zur Seite biegend, steht man urplötzlich auf dem Burghof, blickt linker Hand auf den 30 Meter hohen Turm und findet rechter Hand die beste Aussicht auf Kiedrich und Eltville am Rhein.

Vor ein paar Jahren wurde der Scharfensteinsteig in den Rheinsteig aufgenommen, hier und da ein wenig ausgebessert. Immer mehr Wanderer lernen nun den Pfad auf der Etappe zwischen dem Eltviller Stadtteil Rauenthal und Kiedrich kennen. Damit wird er wohl in Kürze auch zu den Sehenswürdigkeiten gehören.

Adresse zwischen Scharfensteinerstraße 18 und 20, 65399 Kiedrich, von hier dem Schild »Zur Burg« auf eigene Gefahr folgen | **ÖPNV** RheingauLinie bis Bahnhof Eltville, dann Bus 172 bis Haltestelle Kiedrich Sonnenlandstraße, von dort gut 1 Kilometer bis zum Einstieg | **Anfahrt** B 42, Abfahrt Kiedrich, durch den Ort in Richtung Hausen bis zu den Parkplätzen am Winzerhaus; von hier über Suttonstraße und Talstraße in die Scharfensteinstraße, kurz vor dem Ende geht es rechts hinauf | **Öffnungszeiten** durchgehend; bei Schnee, Eis, Unwetter und starkem Regen jedoch nicht zu empfehlen | **Tipp** Oben angekommen lohnt sich der Aufstieg zur Turmspitze. Den Schlüssel und Helme gibt es auf Antrag bei der Gemeinde Kiedrich für 15 Euro Benutzungsgebühr plus 100 Euro Kaution (Tel. 06123/905011; wegen der Brutzeit der Vögel von Mitte März bis Mitte Juli ganz geschlossen).

57 Der Boß

Eine Wiese und sonst nichts

Wenn Erinnerungen ans Drachen-steigen-Lassen mit dem Vater, abenteuerliche Radausflüge mit den Freunden, zarte Annäherungen an den ersten Partner, Spaziergänge mit der Familie und ein unvergessliches Picknick an einem einzigen Ort zusammenfinden, dann ist das ein besonderer Ort. Es gibt keinen Wegweiser dorthin. Man kann ihn von Weitem nicht sehen, und auf Karten sucht man ihn ebenfalls vergebens. Die vielleicht schönste, weil einsamste Wiese im Rheingau ist Teil eines Flurstücks oberhalb des Steinbergs, des ersten Weinbergs der Zisterzienser von Kloster Eberbach, und trägt den Namen »Boß«.

Um zu ihr zu kommen, muss man laufen, auch wenn ein asphaltierter Weg hinaufführt. Die Hattenheimer Schützen sind hier zu Hause, haben unterhalb der großen Wiese im Wald nach ihrer Gründung 1958 das Schützenhaus »Auf dem Boß« gebaut. Die Eltviller Jäger kennen den »Boß« ebenfalls, steht doch am Rande der Lichtung ein hölzerner Hochsitz, um Wildschweine und Rehe zu beobachten. Wenn man hier steht, versteht man, warum das Rheingauer Wildbret so begehrt ist. Auch die Winzer können erklären, wie man zum Boß kommt. Die Weinlage Schützenhaus liegt direkt unterhalb und wurde übrigens nicht nach dem Hattenheimer Schützenvereinsgebäude, sondern nach einem Schutzhaus für den »Traubenschütz« benannt.

An der Boß-Wiese werden die Wanderer des Rheinsteigs vorbeigeleitet, allerdings ohne weitere Erwähnung des Ortes in der einschlägigen Literatur. Beschrieben ist der Unkenbaum, eine jahrhundertealte Eiche, die einem Sturm zum Opfer fiel. Zu ihr führt aus Hallgarten heraus und am Ortsteil Rebhang vorbei der Unkenbaumweg, und von ihm geht es bergab zum Boß. Belohnt werden sportliche Radfahrer oder Wanderer auf der meist nicht gemähten Wiese mit einer Fülle von Gräsern, Blüten, Insekten, Vögeln und – mit ein wenig Glück – Wildtieren. Und mit einem herrlichen Panorama des Rheintals von Mainz bis Bingen.

Adresse Boß, 65346 Kloster Eberbach | **ÖPNV** RheingauLinie bis Bahnhof Eltville, dann Bus 172 bis Haltestelle Kloster Eberbach, von dort etwa 1,7 Kilometer zu Fuß | **Anfahrt** B 42, Ausfahrt Kiedrich, Schildern zum Kloster Eberbach folgen, hinter dem Kloster an der Landesstraße L 3320 nach 300 Metern auf den Parkplatz der Hessischen Staatsweingüter Kloster Eberbach; von dort etwa 1,2 Kilometer bergauf am Hattenheimer Schützenhaus vorbei | **Öffnungszeiten** durchgehend | **Tipp** Machen Sie nach dem Abstieg noch einen Abstecher ins »Schwarze Häuschen« im Steinberg. Dort ist die Aussicht fast genauso gut, und es gibt Wein und Kleinigkeiten dazu

58__Der Boß-Tempel

Versteckte Aussichten

Es gibt viele Wege, die knapp vorbeiführen. Von einem steilen Trampelpfad des Rheinsteigs aus sieht man den nur ein paar Meter entfernt, jedoch von Bäumen versteckt liegenden Steinpavillon kaum. Auf der Straße zum Hattenheimer Schützenhaus kommt man an einem mit Tannennadeln übersäten Waldhang vorbei, auf dessen Gipfel das Häuschen am Waldesrand steht. Auch die vielen Besucher des benachbarten Steinbergs des Klosters Eberbach werden beim Blick hinauf zu den Taunuswäldern nicht fündig. Dabei schwärmt die Oberkonservatorin der hessischen Denkmalpflege mit einem Zitat einer Hattenheimer Ortsschrift von 1869: »Eine reizende Fernsicht gewährt der Boß, eine Waldhöhe unfern der Bernhardsruhe, oberhalb des Steinbergs, mit einem kleinen Naturtempel als Schaudichum geschmückt.«

»Schau dich um« – so lautet in der Tat die Empfehlung. Je nach Blätterdichte der Bäume sieht man auf den im 12. Jahrhundert angelegten Steinberg, den ersten Weinberg der Eberbacher Zisterzienser. Die Schutz- und Grenzmauer ist intakt und umschließt den mit 34 Hektar größten Wingert des Rheingaus. Über die Mauern hinweg schweift der Blick ins Rheintal und bis zu den Windmühlenparks von Rheinland-Pfalz. Vor dem Boß-Tempel nimmt man auf Steinen für eine Rast Platz, hinein sollte man laut Warnschildern nicht gehen.

Die Faszination des Aussichtstempels ist seine bescheidene Zurückhaltung. In einer Region, in der an vielen Häusern ein Hinweis auf die Bedeutung, die Historie oder schlichtweg die früheren oder heutigen Besitzer angebracht ist, ist ein fast unbekanntes, unter Denkmalschutz stehendes Bauwerk die Ausnahme. Lediglich das Hattenheimer Wappen, übrigens eines der wenigen in Hessen, das mittels Trauben und Reben noch einen Bezug zum Weinbau zeigt, wurde 1880 dezent im Bogen der Eingangspforte angebracht. Trotz oder gerade wegen seiner Einfachheit lohnt sich der Weg zum Tempel auf dem Boß.

Adresse Boß-Tempel, 65346 Kloster Eberbach | **ÖPNV** ab Eltviller Bahnhof Bus 172 bis
Haltestelle Kloster Eberbach, von dort etwa 300 Meter bis zum Parkplatz der Staatswein-
güter | **Anfahrt** B 42, Ausfahrt Kiedrich, Schildern zum Kloster Eberbach folgen und auf
dem Parkplatz an den Staatsweingütern Kloster Eberbach parken; Zugang über den Weg
bergauf Richtung Hattenheimer Schützenhaus; vor dem Wald geht es links am Waldrand
entlang bis zu einem kleinen Trampelpfad mit einem Pfeil des Rheinsteigs, von dort etwa
75 Meter bergauf und ein Stück quer durch den Wald | **Öffnungszeiten** durchgehend |
Tipp Vom Boß-Tempel geht es wieder hinab und durch einen Mauerdurchbruch in den
Steinberg, den ersten Weinberg der Zisterziensermönche des Klosters Eberbach. An der
Mauer entlang bergab kommt man zum selten gesehenen »Roten Häuschen«.

59 Die erleuchtete Basilika

Ein Kloster im Licht seiner Geschichte

Mit schlichter Schönheit und einer erstaunlichen inneren Größe empfängt die romanische Basilika des Klosters Eberbach ihre Besucher. Der geistliche Mittelpunkt des im 12. Jahrhundert gebauten Zisterzienserklosters trägt eine Fülle von Geschichten und Geheimnissen in sich. In dem Gotteshaus und drum herum gab es viele architektonische, politische, kirchliche und umweltbedingte Wendungen, viele parallel zum Weltgeschehen, manche nur hier. Konflikte und Kriege brachten Veränderungen. Wein und Geld änderten Rahmenbedingungen. Unzählige Baumaßnahmen wurden zur Anpassung an die jeweiligen Kunstepochen umgesetzt. Naturkatastrophen forderten Renovierungen. Und selbst von – für ein Kloster fremd erscheinenden – Ereignissen wie der Installation eines Frauengefängnisses, der Einrichtung einer »Irrenanstalt« oder der Beherbergung von Flüchtlingen flüstern die Klostermauern.

Das alles zu erzählen ist schwer. Es wird zwar täglich per Kopfhörer zahlenden Touristen nähergebracht oder von Gästeführern übermittelt, doch um von den historischen Ereignissen berührt zu werden, braucht es mehr: Filme wie »Der Name der Rose« (1986 hier gedreht) können Gefühle vermitteln, wurden bekanntermaßen aber erst ab dem 20. Jahrhundert gedreht und zeigen auch nicht das wahre Leben. Alte Schriften, Gemälde und Zeichnungen im Abtei-Museum helfen ebenfalls, zeigen aber nur winzige Augenblicke der über 900-jährigen Geschichte.

Der Eltviller Ton- und Lichtdesigner Joachim Jakob und der Journalist Ingo Swoboda hatten eine Idee: eine Lesung mit den Höhepunkten des Klosterlebens, dazu Musik, die jedes Wort verstärkt, und eine Lichtshow, die mittels Farben, Helligkeiten und Tempo verdeutlicht, in welcher Dramatik, Gelassenheit, Angst oder Freude die Menschen im Kloster Eberbach gefühlt und gelebt haben. »Lumostory« heißt die Show in der schönen und – für ein paar Stunden – plötzlich gar nicht mehr so schlicht erscheinenden Basilika.

Adresse Basilika, 65346 Kloster Eberbach | **ÖPNV** ab Eltviller Bahnhof mit Bus 172 bis Haltestelle Kloster Eberbach | **Anfahrt** B 42, Ausfahrt Kiedrich, Schildern bis Kloster Eberbach folgen | **Öffnungszeiten** April–Okt. Mo–So 10–18 Uhr, Nov.–März Mo–So 11–17 Uhr; die »Lumostory« findet abends statt, Termine auf www.lumostory.de | **Tipp** Der »Rheingauer Klostersteig« startet seit 2016 in Eberbach und führt 29,5 Kilometer über die Klöster Marienthal, Nothgottes und die Abtei Sankt Hildegard bis zum Kloster Marienhausen.

60__Die Dampfbrennerei

Über 100 Jahre Rheingauer Brände

Passend zum Diktat der sprichwörtlichen Rheingauer Fröhlichkeit liegt die Weinwirtschaft des Weingutes Laquai an der Lorcher Drosselgasse. Wenn auch abseits des Trubels der gleichnamigen Touristenattraktion in Rüdesheim, geht es dennoch fröhlich zu in dem denkmalgeschützten Fachwerkhaus von 1716 und im bewachsenen Garten an der Straße ins Wispertal. Das liegt an der 300 Jahre alten Weinbautradition der Inhaber-Familie, die vor allem Steillagen bewirtschaftet. Das liegt auch an den hausgemachten und frischen Speisen von dreierlei Dips über Kaspressknödel und bunten Blattsalat bis zur gebackenen Wisperforelle oder Rumpsteak mit Bratkartoffeln. Es liegt am selten gewordenen »Coupe Danmark«. Und es liegt auch an den erstklassigen Bränden, die aus einem mächtigen Kupferkessel der »Offenbacher Dampfkesselfabrik & Eisengießerei Philipp Loos« aus dem Jahr 1924 stammen.

Schon um 1890 erhielt die Familie das Brennrecht. Im Nachbarhaus der Weinwirtschaft steht die beeindruckende Destillationsanlage. Im Winter wird sie durch den Zoll »entplombt«, und die Edelbrände werden destilliert. Dann brodelt es einige Wochen lang, und die Vinothek wird zur Brennerei. Das notwendige Wissen für das alte Handwerk wird seit über 120 Jahren von Generation zu Generation weitergereicht: Zwei Brennvorgänge, handwerkliche Präzision und Muße lauten die Zutaten. Das Ergebnis: eine große Auswahl an Hochprozentigem aus den Grundstoffen der eigenen Weinbereitung vom Weintraubenbrand über Weinhefebrand und Spätburgunder Trester bis zu »Laquai's Alter Weinbrand« – teilweise über mehrere Jahre in Eichenholzfässern gelagert. Das zahlt sich aus: So überzeugte der Rotweinlikör »Rubinus« nicht nur die Fachjury einer Edelbrandprämierung. Das macht auch die Brüder Gundolf und Gilbert Laquai fröhlich, die Weingut, Versektung und Brennerei in einem Betrieb vereinen – einzigartig im Rheingau.

Adresse Schwalbacher Straße 20, 65391 Lorch, Tel 06726/839213 | **ÖPNV** RheingauLinie bis Bahnhof Lorch, von dort 1 Kilometer zu Fuß | **Anfahrt** B 42, zweite Ausfahrt in Lorch Richtung Bad Schwalbach, Espenschied | **Öffnungszeiten** Ostern–Okt. Mi–Fr ab 17 Uhr, Sa, So, feiertags ab 15 Uhr; im Winter eingeschränkte Öffnungszeiten | **Tipp** Durch Drossel- gasse und Langgasse geht es zum Markt, an dem die Sankt-Martin-Kirche und das ein- drucksvollste Rathaus des Rheingaus stehen. Der dreistöckige Fachwerkbau wurde 1815 fertiggestellt.

61 Das »Hotel Im Schulhaus«

»Große Ferien« mit großer Wirkung

Die Änderung der Funktion eines Gebäudes ist nichts Besonderes. Von einem Hotel, das zuvor eine Lehranstalt war, hat man schon gehört. Dass ein solcher Umbau allerdings für eine ganze Stadt positive Veränderungen mit sich bringt, ist wohl eher selten, doch bei der alten Wisperschule war das so. Aus ihr wurde eine Vorzeige-Unterkunft, die es in dieser Form in Lorch noch nicht gab.

Franziska Breuer-Hadwiger vom Lorcher Familien-Weingut Altenkirch hat das 1933 gebaute Kulturdenkmal gekauft und bei der Umgestaltung den ursprünglichen Bauhausstil beibehalten. Eine schlichte und klare Architektur ist dabei herausgekommen, ergänzt durch passende Anbauten. Zum Start wurden die Lorcher Einwohner eingeladen, zu einem kleinen Preis eine Nacht das Schulhaus zu testen. Eine Idee, die ankam und sich bis heute positiv auf das Hotel auswirkt.

Schließlich hatte fast jeder Lorcher Einwohner hier die Schulbank gedrückt und Geschichte und Geschichten von Lehrern, Klassenfahrten und Schulhof-Erlebnissen gespeichert. Man erinnerte sich gerne zurück und lernte – by the way – gleich noch die neue Herberge kennen. Auch mangels einer vergleichbaren Alternative hagelt es nun Empfehlungen aus der versammelten Nachbarschaft.

Davon profitieren viele: die Restaurants, weil das Drei-Sterne-Hotel nur Frühstück anbietet. Die Winzer, weil naturgemäß viele interessierte Weingenießer hier absteigen. Die Geschäfte, weil Hotelgäste gerne bummeln gehen und weil das Frühstücksbrötchen vom Bäcker nebenan und vieles andere aus der Region kommt.

Das Garnihotel hat 44 Doppel-, fünf »Penthouse«-Zimmer und eine Hochzeitssuite. Barrierefreiheit ist zertifiziert, und ein Zimmer für Menschen mit Handicap gibt es auch – traurigerweise eine Seltenheit im Rheingau. Dort, wo einst Schüler schwitzten, vergeben heute die Gäste die Noten. Und die sind auf allen Bewertungsportalen besonders gut.

Adresse Schwalbacher Straße 41, 65391 Lorch, Tel. 06726/807160, www.hotel-im-schulhaus.de | **ÖPNV** RheingauLinie bis Bahnhof Lorch, von dort 150 Meter | **Anfahrt** B 42, Abfahrt Lorch, 550 Meter Richtung Wispertal | **Öffnungszeiten** täglich 7–21 Uhr | **Tipp** Vom Hotel aus gibt es Bekanntes und Neues zu entdecken: Reihi und Bachblütenberatung bei Lucia Laquai (Wispergrund 2), »Gummi–Twist« zum Ausleihen an der Rezeption, kleine und große Rheinsteigmassagen bei Udo Kowoll (Wisperstraße 37d) und ein DSV-Nordic-Walking-Zentrum um die Ecke.

62 Der Weinberg 34

Im Alter wird es weniger, aber besser

Auf Natürlichkeit ist Jochen Neher schon seit seinem Weinbau-Studium fixiert. Er übernahm den 1875 von Urgroßvater Wilhelm Mohr gegründeten Betrieb und pflegt seit 2011 seine Weinberge zertifiziert ökologisch. Doch ein Wunsch war offen: Er wollte den Weinberg mit den ältesten Reben im Rheingau bewirtschaften.

Im Jahr 2012 war es so weit: Der Eigentümer hatte die im Jahr 1934 angepflanzten Rebstöcke sein Leben lang gehegt und gepflegt. Nun suchte er altersbedingt einen Winzer, der sein Erbe liebevoll weiterführen würde, und fand den Lorcher Kollegen. Für sechs Kisten Wein pro Jahr verpachtete er den 0,1 Hektar kleinen Weinberg am Lorcher Schlossberg.

»Ein Glück und eine große Herausforderung«, erzählt Jochen Neher, mit dem ich eines Tages in luftiger Höhe über dem östlichen Lorch stehe. Der Weinberg ist ein Paradebeispiel für Steillagen. Nur mit höchster Anstrengung kann man die Reben bearbeiten. Und nur im Einklang mit der Natur kann aus einem solchen Weinberg ein besonderer Wein entstehen. Die Reben sind tief verwurzelt, und jede einzelne ist ein Kunstwerk, das viele Geschichten erzählen könnte. »Wir müssen ihnen zuhören und die Zeichen erkennen«, so die Philosophie des Winzers.

Bei rund 20 Prozent der Rebstöcke nutzt das nichts mehr, sie sind abgestorben. An den anderen wachsen mal mehr, mal weniger Trauben – insgesamt viel weniger als bei jüngeren Weinbergen. Was herauskommt, ist urnatürlich, wird handgelesen und bekommt auch im Keller Zeit und Raum. Das Ergebnis ist ein vor Natürlichkeit strotzendes Unikat, das mit dem Namen »Riesling 34« seinen Platz gefunden hat. Am besten direkt am Weinberg verkosten und die Aussicht auf den Mittelrhein und die kunstvollen Rebstöcke genießen – ganz natürlich. Und genauso natürlich arbeitet die Forschungsanstalt Geisenheim bereits daran, das Erbgut dieser langlebigen Rieslingreben für künftige Züchtungen herauszufiltern.

Adresse 65391 Lorch | **ÖPNV** RheingauLinie bis Bahnhof Lorch, dann weiter wie bei Anfahrt beschrieben | **Anfahrt** B 42, Abfahrt Lorch, von dort aus zu Fuß den gegenüber vom Bahnhof Lorch ansteigenden Weg über drei Steilkurven hinauf bis zu einer kleinen Kapelle, die man umrundet, dann rund 700 Meter parallel zum Rhein zurück Richtung Ortskern | **Öffnungszeiten** durchgehend | **Tipp** In der Straußwirtschaft von Neher (Rheinstraße 21) können Sie die Kombination aus Rheingauer Weinen und orientalischen Speisen und Gewürzen zubereitet von Jochen Nehers Ehefrau Saynur genießen.

63 Die Wisperforellenteiche

Terroir-geprägte Fische zwischen Burgen

Die vielleicht besten Forellen der Welt kommen aus einer der ruhigsten Gegenden Hessens. Hier läuft mineralhaltiges Quellwasser über Schieferböden und Felsen in die Wisper. Der kleine Fluss fließt schnell, so bleibt das Wasser sauber und erreicht gute pH- und Sauerstoffwerte, bevor es die Forellenteiche speist. Dort wird sparsam gefüttert, im Winter fast gar nicht. Zwei lange Jahre dauert es deshalb, bis eine Wisperforelle zur Delikatesse wird. Und das Ergebnis ist Natur pur, Winzer würden sagen »Terroir-geprägt«, denn es schmeckt nach Herkunft, nach dem einmaligen Wisperwasser.

15.000 Fische schwimmen bei Siegbert Seitz in dem vor hohen Felsen liegenden Forellenhof an der Lauksburg. Wenn die zu den Lachsfischen zählenden Tiere rund 200 bis 400 Gramm wiegen, übernimmt Sohn Tobias im zweiten Forellenhof und trennt kräftige von weniger gut genährten. Mit der Forellenzucht erfüllte sich ein Traum der Familie, die ihre Chance ergriff, als der Vorgänger 1995 einen Nachfolger brauchte.

Seitdem ist viel passiert im Wispertal. Der ehemals rege Tourismus ist fast zum Erliegen gekommen. Zuletzt schloss das Ausflugslokal »Laukenmühle« direkt gegenüber der Forellen-Verkaufsstelle. Für die Forellenzucht spielt dies alles keine große Rolle, denn fast jedes Rheingauer Restaurant hat eine leckere Wisperforelle mit Kartoffeln auf der Karte.

Wer den heimischen Fisch lieber zu Hause selbst zubereiten möchte, holt ihn sich frisch oder geräuchert. Auch das wird in der alten Räucherei mit Buchenholz selbst gemacht. Ein Zeichen gegen Überfischung setzt man so nebenbei. In jedem Fall sollte man sich die Fischzucht persönlich angeschaut haben, um zu verstehen, warum die Wisperforelle einen so hervorragenden Ruf genießt. Übrigens: Ganz ohne Wein geht es auch an den Teichen nicht, allerdings dienen die an den Teichen stehenden Reben nur als Sonnenschutz für die Wisperforellen.

Adresse Im Wispertal 2, 65391 Lorch, Tel. 06775/960032, und Schwalbacher Straße 74, 65391 Lorch, Tel. 06726/586 | **ÖPNV** RheingauLinie oder Bus 171 bis Bahnhof Lorch, von dort Bus 191 bis Haltestelle Laukenmühle | **Anfahrt** B 42 bis Lorch, dort über Schwalbacher Straße auf die L 3033, Parkplätze an den Forellenhöfen | **Öffnungszeiten** Im Wispertal 2: Di – So 11 – 18 Uhr, Weihnachten bis März geschlossen; Schwalbacher Straße 74: Mo – Fr 9 – 13 und 14.30 – 17 Uhr, Sa 9 – 13 Uhr, Nov. – April Sa geschlossen | **Tipp** Einst Forsthaus, dann Jagdsitz und heute Café und Location für die eigene Feier: Die zugewachsene »Alte Villa« im Wispertal 10 und der dazugehörige Park sind auf dem Rückweg nach Lorch einen Stopp wert.

64 Die Clemenskapelle
Zwei Wege, ein gemeinsames Ziel

Der bekannteste Wanderweg im Rheingau ist der Rheinsteig. Er hat nach seiner Eröffnung 2006 den Rheingauer Rieslingpfad in Sachen Popularität abgelöst. Dabei haben beide ihre Reize. Der Rheinsteig führt auf 320 Kilometern von Wiesbaden nach Bonn und liefert anspruchsvolle Routen und spektakuläre Aussichten. Man wandert in Tagestouren und übernachtet am Etappenziel. Der näher am Rhein liegende Rieslingpfad misst 120 Kilometer (von Flörsheim-Wicker bis Kaub) und präsentiert so den gesamten Rheingau. Historische Sehenswürdigkeiten und Weingüter liegen auf dem Weg, der auch Rundwege ermöglicht. Teilweise berühren sich die Strecken, meistens verlaufen sie jedoch getrennt. Auf einen Punkt wollten allerdings beide nicht verzichten: auf die 1909 erbaute Clemenskapelle hoch über Lorchhausen.

Pfarrer Clemens la Roche verdankt Lorchhausen die kleine Kirche zwischen Wäldern und Weinbergen. Die Mitglieder seiner Gemeinde hatten in den 1870er Jahren einen bis heute gepflegten Kreuzweg vom Tal den Kalvarienberg hinauf gepflastert. Für das Ende auf dem Gipfel wünschte sich der Pfarrer einen würdigen Abschluss. Den bekam er und seinen Namen für das Gotteshaus noch dazu. Die schlichte Bruchstein-Kapelle thront seitdem über Lorchhausen und zieht nicht nur Wanderer an. Ein Filmteam drehte hier Szenen für »Die letzte Fahrt«, beim Rheinleuchten im Mittelrheintal ist die Kapelle fester, illuminierter Bestandteil, und die schwerste Route des Lorcher Nordic-Walking-Parks führt knapp unterhalb der Clemenskapelle vorbei.

Wer es bis ganz nach oben schafft, wird belohnt. Lorchhausen liegt malerisch mit seiner dominanten Pfarrkirche Sankt Bonifatius zu Füßen. Über dem Rhein der prägnante Industriebau einer Zementplatten-Manufaktur, eine ehemalige Sektkellerei, und bis zum Horizont der Hunsrück. Ganz gleich, welchen Weg Sie also nehmen, die Clemenskapelle muss sein.

Adresse Clemenskapelle, 65391 Lorchhausen | **ÖPNV** RheingauLinie bis Bahnhof Lorchhausen, dann die Kauber Straße bis Oberflecken und weiter wie bei Anfahrt beschrieben | **Anfahrt** B 42, Abfahrt Lorchhausen, Parkplatz in der Rheinallee suchen und über die Straße »Oberflecken« hinauf bis zum Übergang in den Talweg, hier ist rechts ein Pfad, der in Serpentinen zur Kapelle führt | **Öffnungszeiten** von außen immer geöffnet; Führungen ins Innere der Clemenskapelle bietet Walter Augstein (Tel. 06726/9298) | **Tipp** Eine schöne Wanderung des Rheingauer Rieslingpfades führt von Lorch an Steilhängen vorbei zur Clemenskapelle und unterhalb des Naturschutzgebiets Engweger Kopf nach Kaub. Dabei lernen Sie auch den Freistaat Flaschenhals bestens kennen.

65 — Das Weingut Theodor Nies
Veganes auf der Pfarrhausterrasse

Es gibt schon allerhand, was den Winzern zur Positionierung auf dem Markt einfällt – teils belächelt wieder verworfen, teils erfolgreich eingeführt. Das »Erste Gewächs« hat sich beispielsweise als exklusive Toplagen-Bezeichnung durchgesetzt. Die Weinetiketten haben revolutionäre Änderungen erfahren und sind heute mehr Image- und Markenträger als Informationsangabe, die man pflichtgemäß auf der Rückseite findet. Auch der alles umfassende Bio-Trend ist beim Wein in vollem Gange. Jährlich stellen neue Weinbauern ihren Betrieb um und lassen sich von »Ecovin« oder »Demeter« zertifizieren.

In Lorchhausen, am östlichsten Ende des Rheingaus, setzt ein Weingut auf vegan. Klar, vegane Weine gibt es hier und da, aber ein Betrieb, der ausschließlich auf vegane Weine setzt, ist neu. Theodor, der Siebte im Traditionsweingut Nies, der den Rufnamen Jesse trägt, hatte die Idee. Der Grundgedanke ist simpel und überzeugend: Da tierisch hergestellte Nahrungsmittel und Rohstoffe weniger nachhaltig sind als ihre pflanzlichen Pendants, war es für Jesse naheliegend, auch die Weinproduktion entsprechend umzustellen.

Er überzeugte den Rest der Familie und begann mit der Umstellung, die im Weinberg und im Keller teilweise große Änderungen erforderte. Bevor ein Unternehmen das sogenannte »V-Label« der Europäischen Vegetarier-Union erhält, wird es genauestens überprüft. Alle Zutaten müssen offengelegt, jede Änderung gemeldet werden, und für spontane Besuche der Prüfer hat auch die Produktionsstätte jederzeit zugänglich zu sein. Das ist mühsamer als früher, aber nur ein Baustein für den Winzer.

Der Erfolg gibt ihm recht. Die Rieslinge, Spätburgunder und Silvaner schmecken – ob tatsächlich oder gefühlt – noch etwas reiner, und um die Besucherscharen zu bewerkstelligen, wurde jüngst das Nachbarhaus, das historische Pfarrhaus, samt großer Terrasse dazugekauft. Da kommt dann zum veganen Wein auch Fisch und Fleisch auf den Teller.

Adresse Rheinallee 8, 65391 Lorchhausen, Tel. 06726/699, www.weingut-nies.de | **ÖPNV**
RheingauLinie bis Bahnhof Lorchhausen, dann über Kauber Straße zur Rheinallee, oder
mit dem Bus 181 von Rüdesheim bis Haltestelle Lorchhausen Rheinallee | **Anfahrt** B 42
bis Abfahrt Lorchhausen, das Pfarrhaus ist das erste auf der rechten Seite | **Öffnungszeiten**
Straußwirtschaft: im Frühjahr, Sommer und Herbst jeweils 4 bis 6 Wochen, Sa ab 16 Uhr,
So und feiertags ab 15 Uhr; Weinverkauf: ganzjährig | **Tipp** Wer seinen eigenen Wein
machen möchte, bekommt im Weingut Theodor Nies die Grundlage. Den frisch gepressten
Most frühzeitig vor der Weinlese anfragen.

66 Die Donnermühle

Spätburgunder Rotwein Barrique in Fass Nr. 30

Adam Lux war ein Freiheitsheld. Er liebte die Ideen der Französischen Revolution und brachte diese bei der Gründung der Mainzer Republik ein. Der Bauernsohn studierte und arbeitete als Hauslehrer in Mainz. Seine Klugheit öffnete ihm Türen zu vermögenden Bürgern, in deren Mitte er seine Frau kennenlernte. Mit ihrer Mitgift erwarb er 1786 die Donnermühle im Kostheimer Käsbachtal. Er zeugte drei Töchter, philosophierte über die Freiheit und entdeckte die Landwirtschaft für sich.

Hier reifte auch sein Entschluss, für die Freiheit zu kämpfen. Er klärte seine Mitbürger an drei langen Tagen über seine Ideen auf, grub auf seinem Hof einen Baum aus und pflanzte diesen Freiheitsbaum an einem öffentlichen Ort wieder ein. Fast alle Männer – Frauen hatten kein Stimmrecht – unterschrieben zum Abschluss eine Art Willenserklärung für die friedliche Revolution. Lux zog weiter nach Mainz, nach Gründung der Mainzer Republik nach Paris und endete dort auf dem Schafott.

Adam Lux soll auch Weinberge bewirtschaftet haben. Diese Leidenschaft teilen die heutigen Besitzer der Donnermühle: 1995 gründeten Nora und Andreas Schirpf das heutige Bio-Weingut in der zweitältesten Rheingauer Weinbaugemeinde Kostheim. Zwölf Jahre später wurden sie als erster Betrieb Hessens Demeter-zertifiziert. Die Holzfässer stehen in der alten Scheune, in jedem reifen die gleichen Trauben aus der »Erstes Gewächs«-Lage Sankt Kiliansberg. Alter, Größe und Holzart des jeweiligen Fasses sorgen für den unterschiedlichen Charakter der Weine. Die Namen unterscheiden sich folgerichtig nur durch die über die Jahrgänge fortlaufende Nummerierung. In der Nachbarscheune stellen die Inhaber der Donnermühle Biohonig her, natürlich ebenfalls konsequent ökologisch. Anrufen, Führung anfragen und Honig und Wein probieren. So schmecken und fühlen Sie die Leidenschaft der heutigen Freiheitskämpfer für Weine und Honig am besten.

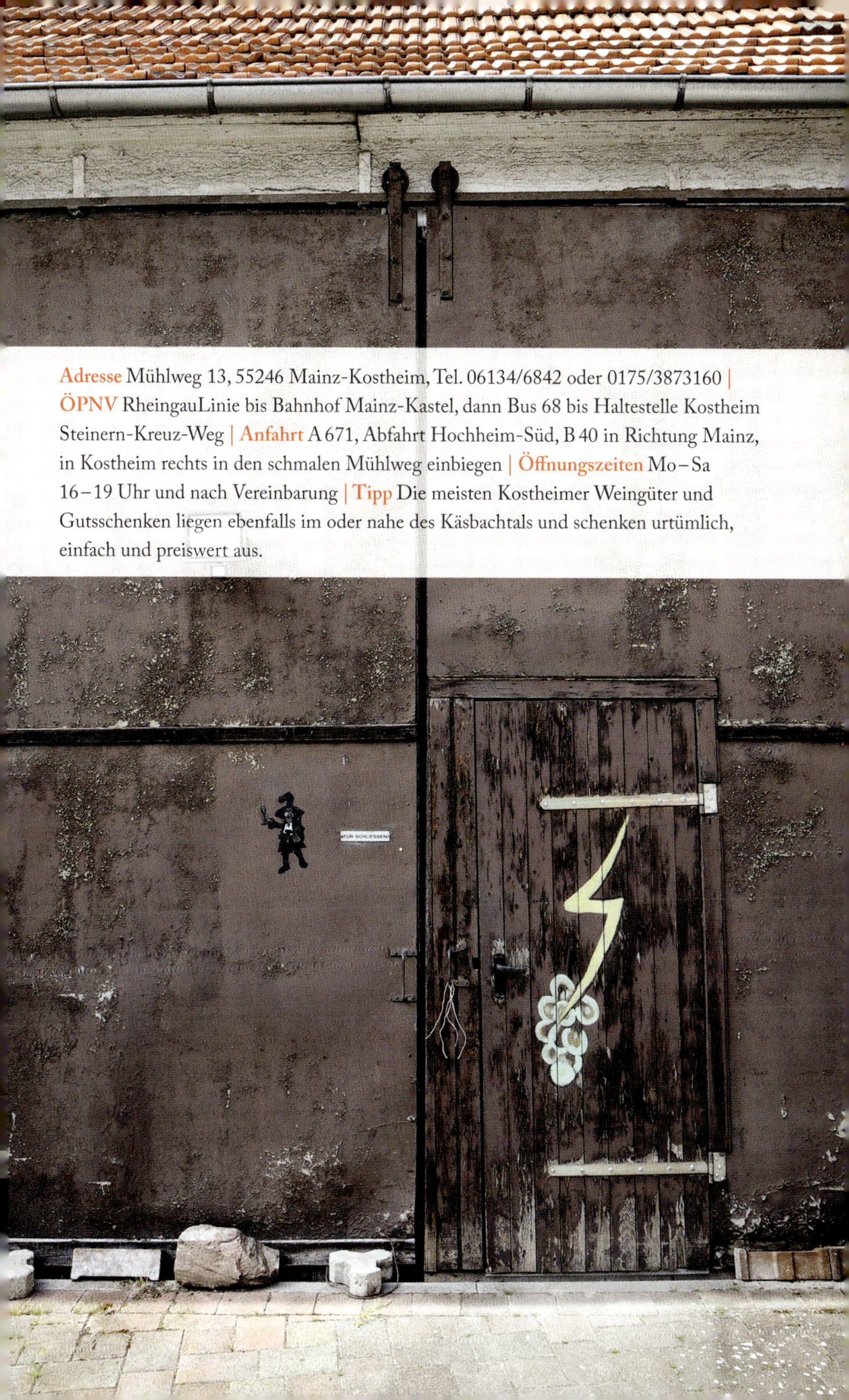

Adresse Mühlweg 13, 55246 Mainz-Kostheim, Tel. 06134/6842 oder 0175/3873160 |
ÖPNV RheingauLinie bis Bahnhof Mainz-Kastel, dann Bus 68 bis Haltestelle Kostheim
Steinern-Kreuz-Weg | **Anfahrt** A 671, Abfahrt Hochheim-Süd, B 40 in Richtung Mainz,
in Kostheim rechts in den schmalen Mühlweg einbiegen | **Öffnungszeiten** Mo−Sa
16−19 Uhr und nach Vereinbarung | **Tipp** Die meisten Kostheimer Weingüter und
Gutsschenken liegen ebenfalls im oder nahe des Käsbachtals und schenken urtümlich,
einfach und preiswert aus.

67__Das Obstgut auf der Heide

Ein Kaufhaus der Vitamine

Landwirtschaft im Rheingau ist Weinanbau. Wer hier lebt, hat Reben vor der Tür und radelt, wandert oder spaziert durch die Weinberge. Dennoch war es kein Zufall, dass die Geisenheimer Hochschule als »Lehranstalt für Obst- und Weinbau« gegründet wurde. Damals kultivierten viele Rheingauer ihre Obstsorten im eigenen Garten oder auf kleinen Feldern. Das milde Klima mit vielen Sonnenstunden begünstigt nicht nur Trauben, sondern ermöglicht auch den Anbau von Äpfeln, Pfirsichen oder Aprikosen in erstklassiger Qualität. Da verwundert es nicht, dass es seit 1932 das Obstgut auf der Heide gibt, das sowohl direkt als auch über heimische Supermärkte die Rheingauer beliefert.

Der gebürtige Geisenheimer und langjährige Mitarbeiter der Forschungsanstalt Gustav Geiger gründete mit seiner Frau Käte den anfänglich zwei Hektar kleinen Obstbaubetrieb. Er setzte auf Äpfel, Birnen und Erdbeeren und fuhr die Ernte zur Raiffeisen-Obsthalle nach Erbach. Sein Sohn Ernst übernahm 1961 und vergrößerte die Fläche, Enkel Arno stieß Anfang der 1980er Jahr dazu. Die dritte Generation bewirtschaftet heute stolze 15 Hektar Land, verarbeitet Obst auch zu neuen Produkten und vertreibt alles zusammen zu einem großen Teil direkt.

Im Hofladen des Obstgutes fühlt man sich wie auf einem gut sortierten Bauernmarkt. Neben den schon immer zu Geigers gehörenden Äpfeln und Birnen – mittlerweile über 30 Sorten – liegen Pfirsiche, Zwetschgen, Himbeeren, Stachelbeeren, Brombeeren und Johannisbeeren in Holzkisten und Körben. Selbst gemacht werden daraus Säfte, Soßen und Fruchtaufstriche. Und auch Gemüse wächst heute auf der Heide. Freilandtomaten, Paprikaschoten, Buschbohnen, Kürbisse, Grünkohl und noch ein paar andere Produkte von befreundeten Höfen runden das bunte Bild im Laden ab. Ein Bild, das vor Vitaminen strotzt und das den Beweis erbringt: Es gibt im Rheingau auch eine Landwirtschaft neben dem Weinbau.

Adresse Auf der Heide 1, 65366 Marienthal, Tel. 06722/6130, www.obstgut-auf-der-heide.de |
ÖPNV RheingauLinie bis Bahnhof Geisenheim, von dort circa 3,3 Kilometer zu Fuß über
Nordschleife, Neuer Friedhof bis Obstgut | **Anfahrt** B 42, Abfahrt Geisenheim-Mitte, dann
Richtung Marienthal, nach 3 Kilometern liegt das Obstgut links | **Öffnungszeiten** Mo–Fr
9–18 Uhr, Sa 9–16 Uhr | **Tipp** Auf dem weiteren Weg nach Marienthal liegt rechter Hand
Hof Rheinblick mit Gutsausschank, Sonnenterrasse und bestem Blick über Geisenheim und
das Rheintal.

68_ Die Pilgerherberge

Einmal runterkommen bitte

Je schneller sich das Hamsterrad des eigenen Lebens dreht, umso mehr schätzen wir ein paar Tage der Ruhe und Abgeschiedenheit. Urlaub im Kloster ist eine der Lösungen, die Anforderungen des 21. Jahrhunderts zeitweise hinter sich zu lassen. Die Angebote reichen von Wellness-Wochenenden in zu Fünf-Sterne-Hotels umgebauten Klostermauern bis zum Verzicht auf moderne Errungenschaften mit Schweigen und sparsamer Ernährung. Häufig gewinnt man den Eindruck, dass die Nachfrage das Angebot bestimmt und moderne Klöster es durchaus verstehen, sich zu vermarkten.

Der heilige Franziskus hatte diese Entwicklung sicherlich nicht im Sinn, als er die Regeln für seinen Orden festlegte. Der fromme Mann überzeugte mit seiner Einfachheit, empfahl seinen Anhängern, alle Besitztümer den Armen zu schenken und sich vollständig auf die Gebote Jesu zu konzentrieren. Das klingt einfach, und so sollte es auch sein.

Auf der Suche nach einem Ort, an dem das Leben in dieser Einfachheit stattfindet, kommt man zum Franziskanerkloster Marienthal. An der Pilgerstätte im Tal des Elsterbachs steht eine Wallfahrtskirche mit Park und sehenswertem Kreuzweg. Der erblindete Jäger Hecker Henn erlangte 1309 vor einem Marienbild das Augenlicht wieder. Zum Dank errichtete sein Chef, Junker Hans Schaffrait, eine Kapelle mit dem Marienbild. Die Pilgerstätte war geboren, wechselte in den kommenden Jahrhunderten immer wieder ihre Betreuer, bis 1873 die Franziskaner sie übernahmen.

In diese authentische Gemeinschaft werden Pilger und Ruhesuchende zeitweise aufgenommen. Mitleben, mitbeten, mitsingen, mitessen, mitarbeiten und Gespräche mit den Brüdern umfasst das Angebot. Über 2.000 Übernachtungen werden jährlich gezählt. Männer wohnen im Kloster, Frauen kommen außerhalb der Klausur unter, und für Selbstverpfleger-Gruppen steht nebenan das Pilgerhaus bereit. Wer ein paar Tage bleibt, wird vor allem eins: »geerdet«.

Adresse Kloster Marienthal 1, 65366 Marienthal, Tel. 06722/995833 | **ÖPNV** RheingauLinie bis Bahnhof Geisenheim, dann Bus 181 oder 183 bis Haltestelle Marienthal Kloster | **Anfahrt** B 42 bis Abfahrt Geisenheim/Marienthal, das Kloster ist ab dort ausgeschildert | **Öffnungszeiten** Außenbereiche immer geöffnet, Wallfahrtskirche: täglich 6–20 Uhr | **Tipp** Ab Geisenheim führen verschiedene Wanderstrecken in rund einer Stunde zum Kloster.

69__Der Weg der sieben Schmerzen Marias

Und sieben Freuden hinterher

Die Zahl Sieben spielt in der religiösen Welt eine große Rolle. Sie verkörpert die Vollkommenheit Gottes. Die Woche hat sieben Tage, Gott hat am siebten Tag die Schöpfung der Erde vollendet, und an diesem siebten Tag ruhen wir. Dann wären da noch die sieben Arme am Leuchter, sieben Wochen von Ostern bis Pfingsten und einiges mehr.

Bei der Festlegung der Schmerzen Marias wundert es da nicht, dass sieben herauskamen. Im Wald des Klosters Marienthal sieht man diese Leiden der Muttergottes in feinen Bildern, von einem unbekannten Künstler dargestellt. Der Geisenheimer Architekt Georg Hartmann lieferte 1909 schützende Häuschen dazu. Den stetig ansteigenden, mit kleinen Steinen belegten Waldweg geht man langsam hinauf. Gläubige beten dabei, andere schauen sich die kunstvollen Bilder in Ruhe an.

Nummer 1: Der Prophet Simeon sagt Maria voraus, dass das Leben ihres Sohnes ihr Kummer bereiten werde. Nummer 2 ist die Flucht vor Herodes, der befahl, alle kleinen Jungen in Bethlehem umbringen zu lassen. Nummer 3 erinnert an das Verschwinden Jesu in einem Jerusalemer Tempel und die dreitägige Suche nach ihm. Nummer 4 zeigt die Begegnung der Mutter mit ihrem Sohn auf dessen Kreuzweg. Nummer 5 verbildlicht Maria beim Warten vor dem Kreuz und Nummer 6 die Abnahme des toten Sohnes von selbigem. An Station Nummer 7 schließlich wird die Grablegung dargestellt.

Die »schmerzhafte Maria« mit dem toten Jesus auf dem Schoß ist auch auf dem Bild in der benachbarten Wallfahrtskirche dargestellt. Hier geschah das Wunder am blinden Jäger Henn. Und wem das alles zu viele Schmerzen sind, der findet im Klosterpark den Sieben-Freuden-Platz mit sieben Natursteinplatten von Schwester Christophora aus der Abtei Sankt Hildegard in Eibingen. Nach der siebten Platte, der Auferstehung Jesu, blickt man auf einen kleinen Teich nebenan.

Adresse Kloster Marienthal 1, 65366 Marienthal; der Weg der sieben Schmerzen beginnt am Ende der Haarnadelkurve in Richtung Johannisberg | **ÖPNV** RheingauLinie bis Bahnhof Geisenheim, dann Bus 181 oder 183 bis Haltestelle Marienthal Kloster | **Anfahrt** B 42, Abfahrt Geisenheim / Marienthal, das Kloster ist ausgeschildert | **Öffnungszeiten** durchgehend | **Tipp** Ab dem Kloster führt ein Teilstück des Mühlenwanderwegs am Elsterbach entlang. Bis Johannisberg sind es knapp drei Kilometer, vorbei an der Schleifmühle, der Ostermühle, der Weihermühle, der Elstermühle und der Schamarimühle – allesamt bewirtschaftet.

70__ Die Rödchenkapelle

Von versunkenen Siedlungen

Nun stehen wir also vor der Rödchenkapelle in den Weinbergen Martinsthals oder versuchen, uns das bitte vorzustellen. Eigentlich ist das gar nicht Martinsthal, denn als die Kapelle gebaut wurde, hieß Martinsthal gerade Neudorf. Und eigentlich sind wir auch nicht im ehemaligen Neudorf, denn an der Stelle der Kapelle stand einmal eine mittelalterliche Dorf- und Klostersiedlung namens Rode. Also willkommen in Rode.

Doch zurück zum Anfang. Die ersten Rheingauer siedelten sich am Rhein an. Hinter ihnen der schützende Wald. Die Fläche reichte aus, um Landwirtschaft zu betreiben, Häuser und eine Kirche zu errichten. Mit Zunahme der Bevölkerung suchte man neue Plätze – das ist übrigens heute immer noch so –, rodete ein Stück Wald und legte dort Felder an. Um nicht zu viel hin und her rennen zu müssen, wurde an den Feldern ein Haus gebaut, dann zwei, dann drei und schließlich eine Kirche dazu. So oder ähnlich entstanden die heutigen »Bergdörfer« wie Hallgarten oder Martinsthal. Doch es gab noch einige mehr. Plixholz ist ein solcher Ort, den es einmal unweit vom Kloster Nothgottes oberhalb von Rüdesheim gegeben hat. Nur ein paar Steine sind davon geblieben. Auch das 1151 erstmals erwähnte Rode ist verschwunden. Aufgelöst, weil die Bevölkerung, mit Steuerfreiheit belohnt, freiwillig hinter das schützende Gebück ins neu gegründete Martinsthal umsiedelte. Bis 1820 pilgerte man noch zur Roder Kapelle, dann wurde auch das letzte Gebäude abgerissen.

An dieser Stelle wünschten sich die »Steuerflüchtlinge« eine Erinnerung. Aus den restlichen Steinen der alten Kirche bauten sie Anfang des 19. Jahrhunderts die heutige Rödchenkapelle. Am 30. Mai 2010 weihten Bürgermeister Patrick Kunkel und Pfarrer Ralph Senft einen neu gestalteten Platz an der Kapelle ein. Als Anlaufstelle für Weinwanderer laden Parkbänke zum Erinnern und Rasten ein. Am besten bei einem Glas »Martinsthaler Rödchen«.

Adresse in den Weinbergen, 65344 Martinsthal | **ÖPNV** ab Eltville Bahnhof Bus 173 bis Haltestelle Martinsthal Schiersteiner Straße, dann zurück zum letzten Haus auf der Schiersteiner Straße und weiter wie bei Anfahrt beschrieben | **Anfahrt** B 260 bis Martinsthal, zu Fuß hinter dem letzten Wohnhaus auf der Schiersteiner Straße (B 260) links in den Feldweg abbiegen und 400 Meter den Berg hinaufgehen | **Öffnungszeiten** durchgehend | **Tipp** Der Martinsthaler Verkehrsverein hat einen Rundwanderweg zu sechs Kulturdenkmälern eingerichtet und mit dem Martinsthaler Wappen gekennzeichnet – Nummer 4 ist die Rödchenkapelle.

71 Das Wartehäuschen

Der vielleicht kleinste Bahnhof der Welt

Felix Krull, Romanfigur von Thomas Mann, beschreibt in seinen »Bekenntnissen« den Rheingau als »begünstigten Landstrich, welcher [...] wohl zu den lieblichsten der bewohnten Erde gehört«. Darin erwähnt er auch die »vornehmen Taunusbäder und [...] das Schlangenbad, welch letzteres man in halbstündiger Fahrt auf einer Schmalspurbahn erreichte«. Die Schmalspurbahn war eine Dampfstraßenbahn von Eltville nach Schlangenband. Als Pferdekutschen für den ständig wachsenden Fremdenverkehr nicht mehr ausreichten, wurde sie auf der gerade einmal 7,8 Kilometer langen Strecke für Wanderer, Kur- und Badegäste gebaut. Zwischen dem Rhein mit Burg und Fachwerkhäusern und dem erholsamen Kurbad ging es ab dem 20. Juni 1895 hin und her. Auch an den Haltestellen in Martinsthal und Rauenthal stiegen die Fahrgäste gerne für einen Besuch in den hiesigen Weinlokalen aus, die so auch von der Schmalspurbahn profitierten.

Als Dank wollten die Martinsthaler den lukrativen Reisenden eine angenehme Wartezeit bescheren – vielleicht kam schon damals die Bahn nicht immer pünktlich. Sie errichteten ein kleines Fachwerkhäuschen. Hier war man vor Sonne und Regen geschützt. Wanderer ruhten sich aus und verspeisten ihre Wegzehrung. Heute steht das Häuschen an der Hauptstraße auf privatem Grund, und die sichtbare Seite mit Sprossenfenster und alten Holzläden hilft der Erinnerung auf die Sprünge.

Nur 38 Jahre nach ihrer Jungfernfahrt wurde die Dampfstraßenbahn wieder stillgelegt. Die Wirtschaftskrise ab den 1920er Jahre hatte finanzielle Schwierigkeiten mit sich gebracht. Immer mehr Reisende fuhren zudem unabhängig vom Zugfahrplan mit dem Automobil. Letztlich sorgten auch technische Rückstände für das Aus. Geschmückt und ein letztes Mal gefüllt fuhr der Zug am 12. Juni 1933 die Eltviller Schwalbacher Straße hinauf, durch enge Martinsthaler Gassen am Wartehäuschen und dem Gasthaus Krone vorbei bis nach Schlangenbad.

Adresse Hauptstraße 38, 65344 Martinsthal | **ÖPNV** RheingauLinie bis Eltville Bahnhof, dann Bus 173 bis Haltestelle Martinsthal Heimatstraße, 100 Meter Fußweg | **Anfahrt** B 42 oder B 260 nach Martinsthal bis zur Feuerwehr am Weinprobierstand, 100 Meter Fußweg | **Öffnungszeiten** nur von außen zu besichtigen | **Tipp** 200 Meter entlang der ehemaligen Bahnstrecke gen Norden liegt das Weingut Diefenhardt (Hauptstraße 9–11, Vinothek und Gutsausschank), das auch schon von Fahrgästen der Dampfbahn besucht wurde.

72 Das alte Rathaus

Schmuckstück am Bilderbuchmarkt

Wir alle wissen, wie ein Baum aussieht, wenn ein Kind ihn malt. Oder ein von naiven Fingern gezeichnetes Haus und vielleicht ein Brunnen. Wenn ein Kind einen Marktplatz malen müsste, würde der in Oestrich dabei herauskommen. Er ist in seiner Klarheit und Aufteilung vollkommen. In der Mitte eine alte Linde mit massivem Stamm und der obligatorische Brunnen, aus Sandsteinen gebaut. Im gepflasterten Rund stehen alte Gebäude, die beherbergen, was eine Stadt so benötigt: Wohnhäuser, Bank, Schule, Bäckerei, Weingut, Wirtshaus und Rathaus.

In letzterem residierte der Bürgermeister noch bis 2005. Danach wurde das Haus als Jugendzentrum verwendet und nach seinem Verkauf zum Gasthaus umgerüstet. Im ersten Stock werden Studenten die Theorien der Wirtschaft beigebracht, darunter findet im Weinbistro des studierten Weinwirtschaftlers Jan Zubrod die Praxis statt. Nach dem Dreißigjährigen Krieg soll um 1650 aus alten Teilen das heutige Gebäude entstanden sein. Das Schmuckstück ist der Gastraum im Erdgeschoss mit Holzdielen, Holzbalken und einer rustikalen Thekenwand. Um Fenster und Türen sind Reste von Wandmalereien, wohl um das Jahr 1500 entstanden, sichtbar. Wer hier Platz nimmt, sitzt historisch zwischen Schultheiß und Schöffen, die an diesem ehemaligen Gerichtsort des 14. Jahrhunderts urteilten.

Diplom-Kaufmann Hans Jürgen Lange hat das zugestellte und zugebaute Kulturbauwerk von der Stadt gekauft. Neben der Kernsanierung des Gastraums und der überraschenden Entdeckung der Malereien wurden auch die anderen Bereiche, soweit bekannt, in den Ursprungszustand versetzt. Im Innenhof läuft man über das historische Pflaster, das auch auf dem Marktplatz noch zu finden ist. Von hier gelangt man in den als Gesellschaftsraum genutzten Gewölbekeller mit einer halbkreisförmigen Bruchsteinmauer an der Stirnseite. Und wenn man hinausschaut, an der Marktlinde vorbei zur Eisdiele gegenüber, freut man sich wie ein Kind, hier zu sein.

Adresse Markt 8, 65375 Oestrich, Tel. 06723/9986990, www.altes-rathaus-oestrich.de |
ÖPNV ab Rüdesheim oder Wiesbaden Bus 171 bis Haltestelle Oestrich Friedensplatz, ab
dort 100 Meter Fußweg | **Anfahrt** B 42, Abfahrt Oestrich/Hallgarten, der Rheingaustraße
bis links zur Zehnthofstraße folgen, in diese abbiegen, am Straßenrand parken und ein
paar Schritte weitergehen | **Öffnungszeiten** Mo, Do, Fr 12–14.30 und 18–24 Uhr,
Sa 17–24 Uhr, So 12–14.30 und 17–22 Uhr, feiertags ab 12 Uhr | **Tipp** Auch im nahen
Eltville am Rhein wurde das älteste Rathaus der Stadt zu Restaurant, Hotel und Vinothek
kernsaniert und heißt heute Eltvinum (Schmittstraße 2).

73___ Der Jüdische Friedhof

Nicht nur ein Stück braune Geschichte

Irgendwie spürt man schon beim Betreten des weit von den Häusern entfernt liegenden Friedhofs nichts Gutes. Keine frischen Blumen, unleserliche Grabsteine, keine Wege durch die Erinnerungsstätte. Hier liegen Zeugen der jüdischen Geschichte, wenngleich schon lange keine Juden mehr in der Umgebung leben. Bereits 1675 wurde der Friedhof angelegt. Juden waren zuvor aus Mainz vertrieben worden und in den Rheingau geflüchtet. Fast 200 Jahre dauerte es, bis sie auf der rechten Rheinseite allgemeine Schulen besuchen oder Geschäften nachgehen durften. Mit dem Ende des Herzogtums Nassau 1869 erhielten die jüdischen Familien endlich den Status gleichberechtigter Staatsbürger.

1932 lebten 32 Juden in Oestrich-Winkel, zehn Jahre später keiner mehr. Ab 1933 hatten antisemitische Beschlüsse und Taten auch im Rheingau zu tödlichen Folgen geführt. Zunächst gab es keine Schiffskarten mehr, dann erhielten Juden keine Aufträge mehr von der Gemeinde. Aus Ortsvereinen wurden sie verbannt und schließlich im Zuge der Novemberpogrome 1938 ausgeplündert und aus ihren Häusern vertrieben. Nicht jedes Schicksal der Oestrich-Winkeler Juden ist einwandfrei geklärt, aber jeder Einzelne wurde Opfer des Nationalsozialismus, der auch im kleinen Rheingau seine irrsinnigen und gewaltbereiten Anhänger fand. Bekannt sind viele Deportationen der jüdischen Rheingauer in Vernichtungs- und Konzentrationslager. Andere konnten nach London, Haifa, Shanghai, Kalifornien oder Uruguay flüchten. Einer nahm sich das Leben. Lediglich die Familie von Eugen Strauß, der 1974 auf dem Jüdischen Friedhof beigesetzt wurde, kehrte zurück.

Der Friedhof ist heute ein Kulturdenkmal. Alte, verwachsene Bäume stehen zwischen den Grabsteinen. Detaillierte Erinnerungen sind weg, Nachkommen gibt es in der Umgebung nicht. Die Stadt erhält diesen Ort, der mitten im Rheingau eine unendliche Stille bietet – und einen Ort zum Nachspüren.

ÄLTESTER
JÜDISCHER FRIEDHOF
IM RHEINGAU

ERSTBELEGUNG
1673

Adresse Jüdischer Friedhof, 65375 Oestrich | ÖPNV Bus 171 von Wiesbaden oder Rüdesheim bis Haltestelle Oestrich Friedensplatz, von dort 30 Meter zur Römerstraße, dann weiter wie unter Anfahrt beschrieben | Anfahrt B 42, Abfahrt Oestrich / Hallgarten, nach Oestrich auf die Rheingaustraße, dann rechts ab in die Römerstraße, nach rund 2,5 Kilometern rechts in einen Feldweg (ab hier beschildert), nach 500 Metern ist das Ziel erreicht | Öffnungszeiten durchgehend | Tipp Vom Jüdischen Friedhof führen verschiedene Weinbergswege zum Schloss Vollrads, in dem auch ein Stück jüdische Geschichte beheimatet ist.

74_Das Kleine Gasthaus
Zu Hause bei der Familie

Für jeden Gastwirt ist es wichtig, dass seine Gäste sich wohlfühlen: »Fühlt euch wie zu Hause!« – leichter gesagt als erlebt. Da drüben eine Dame mit schriller Lache. Am Nebentisch die Handy-Standleitung eines Geschäftsmannes. Gegenüber süße Kinder, die den Hund fangen wollen. Und überhaupt ist der Gastraum viel größer und ganz anders eingerichtet als bei einem daheim. Da wäre es doch schöner, seine Gäste im eigenen Wohnzimmer zu empfangen.

Auf diese Idee kamen Sania und Christopher Jahn. Die beiden hatten bereits einige Jahre zusammen in der Gastronomie gearbeitet. Er als Koch und sie im Service. Nach der Geburt zweier Kinder wurde es zunehmend schwieriger, Beruf und Familie unter einen Hut zu bekommen. Omas, Tanten und sogar Au-pair-Mädchen halfen zwar aus, doch der zeitintensive Job trennte die Familie zu häufig. Kurz zuvor waren die Jahns in ein altes, villenartiges Wohnhaus gezogen. In dem ansehnlichen Backsteinhaus gab es 400 Quadratmeter Wohnfläche – mehr, als die vier eigentlich benötigten. Der Entschluss stand fest: Das Wohnzimmer wurde zum Esszimmer für 30 Gäste, die Waschküche zum Arbeitsplatz für den Koch und der Vorhof zum Sommergarten.

In dem Gebäude aus dem späten 19. Jahrhundert agieren die beiden nun mit Unterstützung eines Kellners, die Kinder befinden sich nur eine Etage darüber. Wenn in der Küche gerade wenig los ist, geht der Papa nach oben spielen. Die Mama kann jederzeit helfen kommen, wenn in der Essenszeit gleich mehrere Tische bedient werden wollen. Die Gewissheit, dass alle in der Nähe sind und alles in Ordnung ist, entspannt die beiden. Und das überträgt sich aufs »Kleine Gasthaus«. Irgendwie ist man hier tatsächlich zu Hause, vor dem Familien-Kamin, unter hübschen Leuchtern und auf gemütlichen Stühlen. Ach ja, zu essen gibt es auch etwas. Christopher Jahn liebt die handgemachte ländliche Küche mit einer mediterranen Note, die seine italienische Frau eingebracht hat.

Adresse Rheingaustraße 18, 65375 Oestrich, Tel. 06723/913433 | **ÖPNV** ab Wiesbaden oder Rüdesheim Bus 171 bis Haltestelle Oestrich Sportplatzweg, gegenüber ist das Ziel | **Anfahrt** B 42, Abfahrt Oestrich / Hallgarten; das Kleine Gasthaus liegt auf der rechten Seite | **Öffnungszeiten** Di–Fr, So 12–14.30 und 18–22.30 Uhr, Sa 18–22.30 Uhr | **Tipp** Vom Gasthaus geht es am Sportplatz vorbei und unter der Bundesstraße hindurch zum Rheinufer. Der Weg nach Westen führt zum 1744 ganz aus Holz gebauten Weinverlade-kran, dem Wahrzeichen Oestrichs.

75 Das Radhaus in der Kirche

Pfarrer, Winzer und ein Fahrradexperte

Das Fahrrad wurde vor 200 Jahren erfunden. Mit einer Laufmaschine fing es an. Bis die Zweiräder etwa so aussahen wie heute, vergingen einige Jahrzehnte. Dann kamen der Zug, das Automobil und die Trägheit der Massen, und das Fahrrad fristete ein Schattendasein im Konzert der Fortbewegungsmittel. Erst das gestiegene Gesundheitsbewusstsein ab den 1980er Jahren schob die Innovationskraft der Hersteller wieder an. Plötzlich war das herkömmliche Fahrrad nicht mehr ausreichend. Für jeden Zweck wurde eine Version gebaut: Rennräder, Mountainbikes oder BMX-Räder. So viel zum 20. Jahrhundert.

Wenn Thorsten Mahl im ehemaligen Betsaal der evangelischen Gemeinde Oestrich über das Radfahren predigt, dann wird schnell klar, dass es im 21. Jahrhundert einen Experten braucht, um unfallfrei durch den Dschungel des Marktes zu gelangen. Man hat die Qual der Wahl zwischen Kinderrädern, Trekkingrädern, Sporträdern und Stadträdern – mit Komfort, Lifestyle, sportlich oder speziell und mit oder ohne elektrische Unterstützung beim Treten, zum Kaufen oder Leihen. Die Beratung gibt es gratis dazu.

Auf die Empfehlungen eines Predigers hörten hier vor 100 Jahren auch die evangelischen Christen. Das Wohnhaus nebenan hatte die Kirche als Pfarrhaus erworben und den dazugehörigen Anbau zum Betsaal für 80 Gottesdienstbesucher aus Oestrich, Mittelheim, Winkel, dem Eichberg und Kloster Eberbach umgebaut. Altar und Kreuz standen unterhalb des kreisrunden Fensters. Die Eingangstür wurde nach dem Auszug der Kirche 1957 verbreitert. Mehr Licht schien durch vergrößerte Fenster. Ein Oestricher Weingut nutzte das Gebäude als Winzerhalle, und um mehr Lagerfläche zu bekommen, zog man eine zusätzliche Decke ein. Für Thorsten Mahl ist das willkommener Stauraum. Jetzt stehen oben und unten anstelle der Kirchenbänke die Fahrräder, denen man die 200 Jahre seit ihrer Erfindung nicht ansieht.

Adresse Rad'l Mahl, Rheingaustraße 21, 65375 Oestrich, Tel. 06723/6792690 | **ÖPNV** ab Wiesbaden oder Rüdesheim Bus 171 bis Haltestelle Oestrich Friedensplatz, 300 Meter Fußweg | **Anfahrt** B 42, Abfahrt Oestrich / Hallgarten, Rheingaustraße bis Ecke Europaallee | **Öffnungszeiten** Mo, Di, Do, Fr 9.30 – 13 und 15 – 18.30 Uhr, Mi, Sa 9.30 – 13 Uhr | **Tipp** Der Radtourismus im Rheingau boomt. Eine schöne Strecke führt vom Radhaus über die Hallgarter Straße bis zum halben Weg nach Hallgarten. Dort einen beliebigen Feldweg nach links nehmen und immer parallel bis zum Schloss Vollrads radeln.

76__Das Weinstübchen

Der bekennende Schnitzelspezialist

Es gibt viele Gründe, aus denen ein Lokal zum Lieblingslokal wird – dem einen schmeckt der Wein hier am besten, die andere liebt die Sitzplätze dort im Grünen, der Dritte mag vor allem die Herzlichkeit im Service. Bei Fetzers sind sich alle einig: Hier geht man hin, weil die Schnitzel ein Gedicht und die Variationen »teutonisch« sind.

Manfred Fetzer steht in der Küche, legt Wert auf eine hohe Fleischqualität und paniert streng nach Omas Rezept. Seine Portionen sind großzügig, auch die halben. In der Oestricher Seitenstraße spricht man Rheingauerisch, die Einrichtung ist urig-rustikal und das Personal aus der Region. In der Pfanne dagegen wird es international: Mexikoschnitzel, Berner Art, Hawaii, California, Madagaskar, Prager, Toscana, Cordon bleu oder Cordon rouge. Natürlich darf auch das Schnitzel mit Brot nicht fehlen. Neben Klassikern wie Zwiebelschnitzel, Schlemmerschnitzel oder Flammschnitzel kann man aber auch seltene Kreationen wie das Schnitzel Birne Helene oder Schnitzel Bolognese mit Gouda überbacken probieren. Und wer nach einem langen Tag so richtig Hunger hat, für den gibt es Fetzers Teutonenschnitzel – 1.400 Gramm Fleisch.

Serviert werden Schnitzel und Rheingauer Klassiker im ehemaligen Wohnraum des 1773 erbauten Hauses. Hier haben mehrere Generationen Wein angebaut – bis sich Manfred Fetzer 2002 entschied, nur noch »auf eine Schiene« zu setzen. Die Weinberge werden seitdem von anderen Weingütern bewirtschaftet, gegen eine Naturalpacht für den eigenen Ausschank. Da das nicht genügt, kommen noch Weine befreundeter Winzer hinzu. Alle zusammen sogenannte Kammerweine, die »kammer trinke«. Im Ausschank, in der Küche und wo auch immer Unterstützung benötigt wird, macht die ganze Familie mit: Frau Christine, Tochter, Sohn, Oma und Opa. Das Familienpaket ist wohl der zweite Grund, aus dem Fetzers Weinstübchen zum Lieblingslokal werden könnte.

Adresse Römerstraße 20, 65375 Oestrich, Tel. 06723/2193 | **ÖPNV** RheingauLinie bis Rüdesheim Bahnhof oder Wiesbaden Bahnhof, dann Bus 171 bis Haltestelle Friedensplatz | **Anfahrt** B 42, Abfahrt Oestrich/Hallgarten, weiter bis Oestrich, an der Apotheke rechts in die Römerstraße abbiegen | **Öffnungszeiten** Mo, Do–Sa ab 17.30 Uhr, So und feiertags ab 12 Uhr | **Tipp** In der Parallelstraße am Friedensplatz kann man erstens gut parken und findet zweitens eine hübsche Ansammlung von Fachwerkhäusern aus dem 17. bis 19. Jahrhundert.

77__Die Kempenichs auf dem Monte Preso

Von Brot, Fleisch und hilfreichen Ziegen

Presberg liegt weit weg vom touristischen Rhein. Gut zehn Kilometer liegt der Rüdesheimer Stadtteil oberhalb von Johannisberg. Und wenn man angekommen ist, scheint die Welt in Ordnung zu sein. Neben Vereinen und der obligatorischen Feuerwehr beleben Bäckerei mit Dorfladen, Kindergarten, Gasthof und Apfelweinkeller den Ort. Und dann gibt es noch die Kempenich-Familie.

Walter Kempenich ist der »Dinkel-Bauer«. Mit seinem Bio-Getreide wurde das offizielle Brot der Rheingauer Schlemmerwochen mit dem Namen »Monte Preso« gebacken, und ein Porträt des Presbergers auf Tausenden Flyern mitgeliefert. Dabei ist der Landwirt vor allem auf seinen Emmer stolz, den schon die Ägypter zum Brotbacken verwendeten. Sein Bioland-Hof liegt abseits des Dorfkerns mit herrlichem Blick auf den Kerzerkopf, den Presberger Hausberg.

Peter Kempenich ist Metzger und Jäger. Seine Wildbratwürste sind begehrt. Kunden und Köche schätzen die Presberger Wildspezialitäten aufgrund der kurzen Wege: Das Wild wird vom Metzger selbst, seinem Sohn und befreundeten Jägern in der Umgebung erlegt, direkt in die Metzgerei gebracht, verarbeitet, gekühlt und verkauft oder direkt in Rheingauer Restaurants geliefert. Frischer geht's nicht, und die Nachfrage steigt. Da ist es gut, dass die nächste Generation bereits am Start ist.

Lothar, der dritte Kempenich, ist Ziegenhirt. Allerdings ist nicht er der Star, sondern seine aus Südafrika stammenden Burenziegen. Das Land Hessen engagiert sie als »Naturschützer«, um die Verbuschung der Steillagen im Mittelrheintal in den Griff zu bekommen. Denn die weißen, groß gewachsenen Exemplare mit rötlich braunem Kopf sind geschickt im Gelände und fressen Flächen »sauber«. Kurzum: Wenn Lothar Kempenichs Ziegen wieder von dannen ziehen, kann das Feld bestellt oder ein neuer Weinberg angelegt werden.

Adresse Bio-Bauer Walter Kempenich, Grohlochstraße 22, 65385 Presberg, Tel. 06726/807922, Metzger Peter Kempenich, Grohlochstraße 10, 65385 Presberg, Tel. 06726/1690, Ziegenhirte Lothar Kempenich, Grohlochstraße 10, 65385 Presberg, Tel. 06726/740 | **ÖPNV** Rheingau-Linie bis Bahnhof Geisenheim, dann Bus 183 bis Presberg, Haltestelle Bürgerhaus | **Anfahrt** B 42, Abfahrt Winkel/Johannisberg, auf der L 3272 über Stephanshausen nach Presberg, im Ortskern zweigt die Grohlochstraße links ab | **Öffnungszeiten** Bio-Bauernhof nach telefonischer Absprache; Metzgerei Mo–Fr 9–12 und 16–18.30 Uhr, Sa 8–13 Uhr; die Ziegen sind fast immer unterwegs, einfach mal anrufen | **Tipp** Für Hildegard von Bingen war Dinkel das beste Getreide: »Warm, fett, reichhaltig und wohlschmeckender als andere.« Im Klosterladen der Abtei Sankt Hildegard in Eibingen wird ihr Lieblingsgetreide in kleinen und großen Gebinden verkauft.

78__Der Arz
Moderiese auf dem Land

Alle Dörfchen im Rheingau sind von Einzelhändlern verlassen. Alle? Nein, der kleine Ort Ransel trotzt dem allgemeinen Trend der Schließung von Geschäften in dünn besiedelten Gegenden. Frei nach der Geschichte der beiden gallischen Abenteurer »Asterix und Obelix« sind rundherum viele kleine Gemeinden im Rheingau und dem angrenzenden Untertaunus ohne einen einzigen Laden. Nicht mal ein Bäcker oder Metzger ist geblieben, und ohne Auto bleibt nur der Lieferservice für den täglichen Bedarf.

Das Modehaus Arz, oder wie die Rheingauer liebevoll sagen: »de Arz«, wurde 1925 als Kolonialwarengeschäft gegründet. Seine Geschichte ist bunt und abwechslungsreich, zeigt aber fast stetig nach oben. Kreativität und der Mut, am Ball zu bleiben, zeichneten die Inhaberfamilie aus. Nach dem Zweiten Weltkrieg war Bargeld bei den Kunden knapp. Arz kassierte stattdessen Warenbezugsscheine, tauschte diese gegen Wein und bezahlte damit die neue Ware. Immer mehr Kunden kamen nach Ransel, und Arz fuhr zu den Kunden, die nicht mobil waren, und präsentierte sich ab den 1950er Jahren in Restaurants. Sonntags gab es einen firmeneigenen Fahrdienst, der Kunden zu Hause abholte und wieder zurückbrachte.

Jahrzehntelang arbeitete die Familie sieben Tage pro Woche. Der Fleiß wurde belohnt, das Geschäft vergrößerte sich und zog in den 1970er Jahren in ein neues, selbst gebautes Gebäude mit 2.000 Quadratmetern um. Es ging weiter bergauf: Die gute Auswahl des Geschäfts spricht sich herum, und immer mehr Menschen nutzen die gewonnene Mobilität und kommen mit der ganzen Familie zum entspannten »Klamotten-Shoppen« aufs Land. In Ransel steht nun nach einem erneuten Umbau 2004 das größte Modehaus zwischen Wiesbaden, Limburg und Koblenz mit eigenem Bistro und bekannten Modefirmen, die innerhalb des Modehauses ihre eigenen Markenshops installiert haben. Vielleicht könnte die Oase der Ruhe einen neuen Anstrich vertragen, aber verlassen wirkt sie deshalb noch lange nicht.

Adresse Kirchstraße 34 (Gewerbegebiet), 65391 Ransel, Tel. 06726/2088, www.modehaus-arz.com | **ÖPNV** RheingauLinie bis Bahnhof Lorch, dann Bus 191 bis Haltestelle Ransel Nastätter Weg, 600 Meter Fußweg | **Anfahrt** B 42, Abfahrt Lorch, Schwalbacher Straße folgen bis Abzweigung nach Ransel, von hier ausgeschildert | **Öffnungs-zeiten** Mo – Fr 9.30 – 19 Uhr, Sa 9.30 – 16 Uhr | **Tipp** Einen Abstecher wert ist die schöne Steinkirche Sankt Katharina mit über 500 Jahre alten Figuren und einem erst in jüngerer Zeit freigelegten Deckengemälde.

79__Das Landmuseum
Wie machen die das?

Was habe ich sie geliebt und was lieben sie die Kinder immer noch: die »Was ist was«-Bücher mit einfachen Erklärungen zu Gott und der Welt. Kindgerecht wird erläutert, wie es im Weltraum zugeht, warum die Dinosaurier ausgestorben und Roboter im Kommen sind. Mit vielen Bildern und Skizzen. – Vergessen Sie das. »Was ist was« wurde neu erfunden – interaktiv, live und in 3-D. Der Titel: »Damals heute erleben«. Die Idee: jahrhundertealte Berufe, die nicht mehr im Fokus stehen, zeigen, erklären und beleben. Der Ort: das Landmuseum in Ransel.

Das erste Stück in der über 2.000 Exponate großen Dauerausstellung ist ein winziger »Wohnwagen« aus wind- und wettergezeichnetem Holz, der wie ein abgebrochener Waggon aussieht. Hier lebte der Schäfer während der Weidezeit – also immer –, verkroch sich bei Regen und Kälte und schlief auf einer schmalen Sitzbank. Über 80 Jahre ist das her. Betrieben wird das Museum vom Ranseler Förderverein ländlicher Kultur, der den Schäferwagen als erstes Projekt restaurierte. Hinzugekommen sind seitdem zahlreiche weitere Berufsfelder, die in früheren Zeiten noch ganz anders ausgeübt wurden als heute.

Auf der grünen Wiese mit Blick auf den nahen Kreuzwald steht ein selbst gebautes Backhaus, in dem Brot nach altem Brauch gebacken und verkauft wird. Am Beispiel alter Gerätschaften aus der Landwirtschaft wird nebenan der schwere Job der Bauern erläutert. Natürlich darf im Rheingau auch der Winzer nicht fehlen, aus dessen traditioneller Tätigkeit ebenfalls viele Werkzeuge zu sehen sind. Es gibt eine Schmiede, ein Sägewerk, eine Wagnerei und einen Schuhmacher. Aus der Schnapsbrennerei und der Brauerei kommen trinkbare Produkte. In der kleinen Rebenzeile ist die Nachstellung eines Rheingauer Weinbergs nur bedingt möglich, denn auf dem kalten Bergrücken in Ransel wächst nur eine Rebsorte aus der Mongolei.

Adresse Kirchstraße 34, 65391 Ransel, Tel. 06726/2088, www.flk-ransel.de | **ÖPNV**
RheingauLinie bis Bahnhof Lorch, dann Bus 191 bis Haltestelle Ransel Nastätter Weg,
600 Meter Fußweg | **Anfahrt** B 42, Abfahrt Lorch, der Schwalbacher Straße folgen bis
zur Abzweigung nach Ransel, ab da ausgeschildert | **Öffnungszeiten** Mai–Okt. täglich ab
11 Uhr | **Tipp** Wer das Landmuseum mag, könnte auch im Rüdesheimer Spielzeug- und
Eisenbahnmuseum (Peterstraße 20) mit dem Rheintal »en miniature« und jeder Menge
alter Spiele, Eisenbahnen und Schiffe seine Freude haben.

80 Das Kneipp'sche Wassertretbecken

Ausblick im Storchenschritt

Was würde sich Sebastian Kneipp freuen, wenn er sehen könnte, welche Ausmaße seine Ideen angenommen haben. In der 1891 noch zu seinen Lebzeiten gegründeten Firma Kneipp setzen heute um die 500 Menschen rund 100 Millionen Euro im Jahr um. Da gehen Artikel wie Badekristalle namens »Viel Glück«, Kapseln zum Abnehmen oder eine Geschenkpackung mit der Bezeichnung »Lebensfreude« über die Theke.

Mit kostenlosen Methoden hatte Kneipp erst sich selbst und dann seine Patienten geheilt, nicht zur Freude von missgünstigen Apothekern und Ärzten. Die Bevölkerung dankte es ihm, und mit der Zeit breiteten sich seine Vorschläge aus. Auf den fünf Säulen Wasser, Pflanzen, Bewegung, Ernährung und Balance beruht sein Konzept. Ersteres griff ein Rauenthaler Jagdpächter im Jahr 1976 auf und installierte eine Wassertretanlage oberhalb der Höhengemeinde.

Eineinhalb Kilometer von der Ortsdurchfahrtsstraße entfernt wurde das Becken eingelassen. Auf der einen Seite geschützt von Bäumen und mit schattigen Sitzbänken ausgestattet, auf der anderen Seite mit einem Ausblick bis zum Mainzer ZDF. 2016 hat der Rauenthaler Traditionsverein mit Unterstützung der Stadt Eltville und Geldern des Landes Hessen die kleine Anlage auf Vordermann gebracht und gegenüber noch ein Kneipp'sches Armbecken angelegt.

Durch das Tretbecken schreiten die Kenner im Storchengang, bis es zu kalt wird. Danach wird das Wasser mit den Händen abgestrichen, und die Füße werden in wärmende Strümpfe gepackt. Das regt den Kreislauf an, fördert die Durchblutung und stärkt das Immunsystem. Gegenüber im Armbad ist das Prozedere ähnlich, eben nur mit Armen statt Beinen. Doch man kann auch einfach ins kühle Nass reinspringen und herumtoben wie es ab und an Kinder zur Abkühlung machen. Ganz im Sinne Kneipps: Hauptsache, man hat Freude daran.

Adresse 65345 Rauenthal | **ÖPNV** RheingauLinie bis Haltestelle Wiesbaden Hauptbahnhof, dann Bus 170 über Walluf bis Haltestelle Rauenthal Jahnstraße | **Anfahrt** B 260, Abfahrt Rauenthal, die Jahnstraße ist Teil der Durchfahrtsstraße, Beschilderung »Sportplatz« folgen und dort parken, 400 Meter Fußweg | **Öffnungszeiten** durchgehend | **Tipp** Auf dem Wanderweg »Extratour Rauenthaler Spange« geht es in Nord-Süd-Richtung zu vielen Rauenthaler Naturschönheiten.

81 Die Neumühle

Möbel statt Mehl, Haute Cuisine statt Saueressig

Eine vielfältige Geschichte findet man in und um das große Fachwerkanwesen an der Bundesstraße 260 nach Schlangenbad. Einen guten Kilometer hinter dem Rauenthaler Ortsschild ist die Neumühle von außen ein Hingucker und im Inneren eine Schatzkammer, die seit 1982 von Christel Ostberg und ihrer Familie Stück für Stück und Raum für Raum aus dem tristen, maroden Zustand früherer Tage gezaubert wurde. Passend dazu beherbergt die Mühle ein Einrichtungshaus mit dem Namen »Neumühle – Zauberhaft Wohnen« und stellt hochwertige Möbel und Accessoires aus.

Ein langsamer Spaziergang über das malerische Gelände mit dem Rauschen der idyllischen Walluf im Ohr ist wie ein Urlaubstag. Ein alter, gut erhaltener Baumbestand, Sträucher, Rosenbeete und Wiesenflächen verleihen der kleinen, parkähnlichen Anlage romantisches Flair. Kein Wunder, dass bereits vor über 300 Jahren Philipp Schreiner seine Schreiner-Mühle an den in Walluf in den Rhein fließenden Bach baute und kurz darauf ein Herr Jakob Saueressig ein nicht auszuschlagendes Angebot abgab und übernahm. Die beiden begründeten den über zwei Jahrhunderte andauernden Mühlbetrieb, am Ende sogar mit eigenem Backhaus. 1920 drehte sich das Mühlenrad zum letzten Mal. Ein Gasthaus wurde eröffnet und wieder geschlossen, und Verfall und Verwilderung übernahmen die Regie.

Ein halbes Jahrhundert später ist die Neumühle schöner denn je und lockt nicht nur schaulustige Möbelkunden an. Ein japanischer Koch hat die Location für sich entdeckt und lässt auch eine Rheingauer Tradition wiederaufleben: bei Kazuya Fukuhira sitzen alle 20 Gäste an einer schweren und langen Massivholzplatte. Es gibt eine Auswahl von Gerichten aus »guten Zutaten«, die live zubereitet und in die Mitte des Tisches gestellt werden. Japanisch-euro-päische Fusionsküche nennen das Gourmets – »einfach lecker«, sagen andere und »mutig« diejenigen, die eigentlich nichts essen, was sie nicht kennen.

Adresse Schlangenbader Straße 52, 65388 Rauenthal, Einrichtungshaus Neumühle: Tel. 06129/2478, www.zauberhaft-wohnen.de; Restaurant Kazuya: Tel. 06129/5371660, www.gute-zutaten.de | **ÖPNV** RheingauLinie bis Eltville Bahnhof, dann Bus 173 über Martinsthal und Rauenthal bis Haltestelle Efenwerk, 500 Meter Fußweg | **Anfahrt** B 42, Abfahrt Martinsthal und weiter auf die B 260 in Richtung Schlangenbad. Vor der Abzweigung nach Schlangenbad liegt die Neumühle auf der rechten Seite. | **Öffnungszeiten** Einrichtungshaus: Di – Fr 10 – 19 Uhr, Sa 10 – 18 Uhr, Restaurant: Do – Mo ab 18 Uhr, Ostern – Okt. auch So und feiertags ab 12 Uhr | **Tipp** Vom Rheinufer in Walluf führt der elf Kilometer lange Mühlenwanderweg an 26 ehemaligen Mühlen vorbei über Oberwalluf und Martinsthal (ehemals Neudorf) bis ins kleine Taunusörtchen Wambach.

82 Das Weinbergshäuschen

Wo ihr arbeitet, möchte ich wohnen

Eines der schönsten und beliebtesten Fotomotive im Rheingau ist das an der Umgehungsstraße B 42 zwischen den Abfahrten nach Kiedrich und Martinsthal am Hang der Bubenhäuser Höhe gelegene kleine runde Weinbergshäuschen. Dabei ist es eigentlich gleich, ob die Sonne auf die saftig grünen Weinberge scheint, der Schnee die Anhöhe sanft umhüllt, der Herbst seine Farbenpracht wie ein Gemälde über die Blätter streicht oder der Sommer die Farben langsam verblassen lässt. Das Häuschen steht seit 1920 unbeirrt an seinem Platz. Im Gegensatz zu anderen optischen Leckerbissen wie Schloss Johannisberg, der Abtei Sankt Hildegard oder dem Niederwalddenkmal wird es selten besucht.

Aus der Ferne wirkt es wie eine der vielen Schutzhütten im Rheingau, die Weinbergsarbeiter bei Blitz, Donner, Regen oder eisiger Kälte gerne aufsuchen. Kommt man näher, zeigt sich die wahre Größe des gar nicht so kleinen und runden, sondern vielmehr üppigen und achteckigen Baus, in dem gut und gerne zwei Dutzend Menschen Platz fänden. Ein hübsches, mit Schiefern gedecktes Haubendach behütet die Insassen, darunter ein gemauerter Steinkellersockel. Früher diente es tatsächlich den Arbeitern der umgrenzenden Weinberge als Schutzhäuschen vor Unwetter und als Rastplatz für die verdiente Mittagspause.

Heute ist das Haus fast über das ganze Jahr verschlossen. Nur am Pfingstmontag ist das anders. Da findet die Bubenhäuser Weinrunde statt, eine Rundtour um die 267 Meter hohe Anhöhe mit zehn Weinständen, die bei gutem Wetter Tausende Weinfreunde anlocken. Eine der Stationen ist das Weinbergshäuschen mit einem Ausschank der Hessischen Staatsweingüter Kloster Eberbach. Im Inneren finden die Weinwanderer an diesem Tag je nach Wetter schattige oder trockene Plätze. Mangels sanitärer Anlagen und fehlender Küche wird das Haus nicht zu anderen Zwecken vermietet. Eines der schönsten Fotomotive bleibt es dennoch.

Adresse 65345 Rauenthal | **ÖPNV** Bus 170 ab Wiesbaden Hauptbahnhof über Walluf bis Haltestelle Rauenthal Kirche, ab hier zu Fuß rund 900 Meter den Schildern »Bubenhäuser Höhe« folgen; das Weinbergshäuschen ist von der Anhöhe aus gut sichtbar | **Anfahrt** von der B 42 auf die B 260, Abfahrt Rauenthal und im Ort der Beschilderung Weinprobier-stand folgen, zu Fuß auf dem asphaltierten Weg zwischen Weinprobierstand und Weingut Werner hindurchgehen und auf fast gleicher Höhe rund um die Bubenhäuser Höhe, hinter einem großen Baum geht es links 50 Meter hinab | **Öffnungszeiten** mit Ausnahme von Pfingstmontag nur von außen zu besichtigen | **Tipp** Unterhalb liegt die Domäne Rauenthal der Staatsweingüter Kloster Eberbach mit Gutsausschank und großem Hof. Daran vorbei geht es über den Wiesweg nach Eltville.

83 Die Bomolochie
Ebbelwoi im Rieslingland

Die Anpassung der Gastgeber an ihre Kundschaft treibt in Rüdesheim manchmal schon seltsame Blüten. Es werden Drosselgassen-Pflastersteine, Schwarzwälder Kuckucksuhren oder ein Nachbau eines Maschinengewehrs verkauft. Viele Souvenirs kommen aus Fernostasien, und osteuropäische Straßenmusiker singen rheinische Schunkellieder. Und wer als Tourist doch lieber seine heimische Kost mag, geht schottisch, irisch, italienisch, japanisch oder amerikanisch essen und bekommt auch eine bayerische Schweinshaxe.

Natürlich freuen sich Gäste aus nah und fern vor allem über die Rheingauer Gastronomie: Straußwirtschaften, Gutsschenken, Weinrestaurants und Weinhotels mit Rüdesheimer Tradition und Geschichte. Im Trubel der Drosselgasse und auf den üblichen Laufwegen am Rheinufer, in der Oberstraße oder Marktstraße findet jeder ein Plätzchen nach seinem Geschmack. Abseits davon wird es ruhiger, wie in der Löhrstraße. Wenn man vom Rhein hineinschaut, sieht es nicht so aus, als würde man hier etwas verpassen.

Dabei kommt man von dort in die bogenförmige Kleine Grabenstraße oder zum Klunkhardshof, unter dem ein Durchgang zum Marktplatz führt. Der Weg ist das Ziel, und auf diesem hat Manfred Vogel seine »Ebbelwoi Straußwertschaft« eröffnet. »An Ebbler a day keeps the doctor away« lautet das Motto, und der Nachschub wird durch selbst gemachten »Ebbler« sichergestellt. Der schmeckt herrlich frisch im gepflasterten Innenhof der »Bomolochie«. Der Name kommt von Pomologie, wie man im Volksmund die Geisenheimer Forschungsanstalt nannte, die Obstbaukunde lehrte und Äpfel kelterte. Auf gezimmerten Holzbänken mit Kisschen sitzen die Gäste und bekommen Handkäs, Rippcher, Gitarrenklänge, Gesang vom Enkelchen oder eine Geschichte vom Nachbarn. Dazu den eigenen Ebbler standesgemäß aus dem »Gerippten«. Und wenn es zum Abschluss noch »one for the road« sein soll, dann mal den Ebentaler Champagner Reignette Apfelbrand probieren.

Adresse Löhrstraße 4, 65385 Rüdesheim, Tel. 06722/1729 | **ÖPNV** ab Wiesbaden oder Lorch Bus 171 bis Haltestelle Rüdesheim Bahnhof / Brömserburg oder mit der RheingauLinie bis Bahnhof Rüdesheim, ab hier 350 Meter Fußweg | **Anfahrt** über B 42 am Rhein entlang nach Rüdesheim | **Öffnungszeiten** vor allem, wenn es warm ist, Do – Sa ab 17 Uhr | **Tipp** 200 Meter weiter gibt es ein Irish Pub. Bei der Fußball-WM 2006 in Deutschland hatten Iren das Hotel Germania und die dazugehörige Bierakademie in Beschlag genommen, und Inhaber Hajo hatte so viel Spaß, dass er sich mit seiner Kneipe nun ganz der irischen Kultur verschrieben hat.

84 Die Boulescheune

Französische Lebensart in den Rheingauer Wäldern

Über zehn Jahre dauerte die französische Besatzung im Rheingau nach dem Ersten Weltkrieg. Der Preis der Niederlage war hoch: Strenge Ausgangssperren und die Schließung von Einrichtungen sorgten für einen tristen Alltag. Drastische Strafen für vergleichsweise geringe Vergehen brachten Unsicherheit und Verängstigung in der Bevölkerung. Doch mit der Zeit kamen sich Besatzer und Besetzte näher. Im Rheingau sind bis heute französische Worte im täglichen Sprachgebrauch zu finden. Und vielleicht ist die »französische Zeit« auch der Grund, warum in der Region überdurchschnittlich viele Bouleplätze zu finden sind.

Im Rheingau gibt es öffentliche Spielstätten und Plätze unter freiem Himmel, an denen man dem französischen Kugelspiel frönt. Die bekanntesten Treffpunkte liegen an den Weinprobierständen in Eltville, Martinsthal, Mittelheim und Geisenheim. Ein Glas Wein ist dort stets in Reichweite und damit auch die französische Lebensart. Etwas ruhiger ist es in der Rüdesheimer Kastanienallee, dem Wallufer Karl-Hans-Schmidt-Platz oder im Zwinger der Eltviller Burg.

Den einzigen Indoor-Platz findet man mitten im Wald unterhalb vom Rüdesheimer Stadtteil Windeck. Dort liegt der ehemalige »Kulturbeutel«. In der alten Scheune fanden integrative Veranstaltungen wie Konzerte, Theaterstücke, Feste oder Floh- und Weihnachtsmärkte für Menschen mit und ohne geistige Beeinträchtigung statt. Das Aulhauser Sankt Vincenzstift ist Eigentümer der früher zum benachbarten Kloster Nothgottes gehörenden Gebäude und nutzt sie heute teilweise für Wohngruppen.

Nachdem es um das integrative Projekt ruhiger wurde, trat 2012 der Boule Club Rheingau auf den Plan und führte das Angebot fort. »Gemeinsames Boulespiel von Menschen mit und ohne Behinderung« lautet das Vereinsmotto. Und auch die Mitglieder können nun in den kalten Monaten mit dem in Frankreich als Pétanque bekannten Spiel überwintern.

Adresse Hofgut Nothgottes, Nothgottesstraße, 65385 Rüdesheim, www.boule-im-rheingau.de | **Anfahrt** B 42 bis Rüdesheim, dann über Albertistraße und Theodor-Heuss-Straße bis Nothgottesstraße, ab der Abtei Sankt Hildegard der Beschilderung »Nothgottes« folgen, nach der Einfahrt in den Wald Schritttempo fahren, auf Schlaglöcher achten und nach weiteren 150 Metern am Stegbach entlang zur Scheune einbiegen | **Öffnungszeiten** zu Spiel- und Trainingszeiten des Boule Clubs, Nov.–April Fr ab 14.30 Uhr, Sa ab 14 Uhr (nur Turnierteilnehmer), So ab 14 Uhr | **Tipp** Quer durch den Wald geht es vom Kloster Nothgottes rund zwei Kilometer in Richtung Nordwesten bis zum Ebentaler Hof. Hier kann man Ponyreiten oder einen Rundflug über den Rheingau machen.

85__Das Hafeneck

Ein Baum, eine Bank, eine Idylle

Die wenigen Rheingauer, die dieses lauschige Plätzchen kennen, sind sich einig: Da ist es so schön einsam und ruhig. Damit dies so bleibt, wollte ich eigentlich darauf verzichten, den Ort hier zu erwähnen. Doch nachdem ich ein zweites und drittes Mal vor Ort war, konnte ich mich nicht zurückhalten und stelle nun diesen versteckten, romantischen, angenehmen, natürlichen und aussichtsreichen Ort mit der Bitte um Ruhe und Respekt vor. Und sagen Sie es keinem weiter.

Rüdesheim hat den größten Hafen im Rheingau. Hier liegen viele private Segelschiffe und Motoryachten von Rheingauern, die den Rhein nicht nur vom Leinpfad aus sehen möchten. Und hier liegt das letzte Dampfschiff, das noch auf dem Rhein verkehrt, die »Vaporosa«. Selbst gebaut vom pensionierten Lehrer Helmut Strohjohann, den viele aufgrund seiner Leidenschaft nur »Dampfjohann« nennen.

Jedes Boot muss durch die schmale Hafenausfahrt auf den Rhein. Auf Steuerbord an den Trümmern der 1945 gesprengten Hindenburgbrücke und dem Rüdesheimer Campingplatz, auf Backbord an weiteren Liegeplätzen und der sich verjüngenden Landzunge vorbei. Erst kurz vor dem Erreichen der Strömung des Rheins sieht man die gemauerte Hafenspitze, das Ende des Hafens, das Hafeneck.

Man umrundet den Hafen, um zu ihm zu kommen. Am Ende steht ein einzelner großer Baum, dahinter eine einzelne Parkbank und am Ende eine einzelne uralte Steintreppe. Geht man hinunter, steht man direkt am Wasser und rutscht besser nicht auf dem teilweise glitschigen Untergrund aus. Die Sicht ist neu, weil aus der Tiefe kommend. Die Bingener Rochuskapelle wirkt höher, die Trümmer der Hindenburgbrücke imposanter und die vorbeifahrenden Schiffe greifbarer, als man es von anderen Standorten gewohnt ist. Aber vor allem ist es: einsam und ruhig.

Adresse Am Rüdesheimer Hafen, 65385 Rüdesheim, bei Rhein-Kilometer 525 | **Anfahrt** B 42, Abfahrt Geisenheim-Campingplatz und weiter zum Rüdesheimer Hafen (ausge-schildert) | **Öffnungszeiten** durchgehend | **Tipp** Gegenüber beginnt der im englischen Stil angelegte und mittlerweile modernisierte Hafenpark. Eine unter Denkmalschutz stehende Schwarzpappel findet man dort, um sie herum gibt es viele weitere Baumarten und eine wunderschöne Platanenallee.

86__Der Poßbacher Grund

Über das (Rhein-)Wasser gehen

Es ist ein wenig abenteuerlich: Kein Schild zeigt die Richtung an, und doch lohnt sich die Suche. Linksrheinisch rund einen Kilometer hinter Bingerbrück auf der B 9 in Richtung Trechtingshausen führt ein Sträßchen direkt über die Bahngleise auf einen Feldweg. Dort muss das Auto am Wegesrand stehen bleiben. Zu Fuß geht es rund 200 Schritte nach links, an Schrebergärten vorbei zu einem schmalen Trampelpfad, der rechts in den dichten Wald führt.

Wer leise ist, hört hier bereits das Rauschen des Flusses oder das Signal eines Rheinkahns. Gutes Schuhwerk ist bei jedem Wetter zu empfehlen, denn es ist feucht und sumpfig. Nach 150 weiteren vorsichtigen Schritten wird es heller, die Bäume und Sträucher weichen, und rechts und links ist Wasser zu erkennen. Diese Tümpel sind voller Moos und Algen. Je nach Jahreszeit gesellen sich Wildvögel, Schwäne und Enten dazu. Doch Vorsicht: Auch viele Insekten, vor allem Stechmücken, und ein paar harmlose Schlangen freuen sich über das Klima im Biotop. Hier mündet der Poßbach in den Rhein und schenkt dem Ort seinen Namen. Das Szenario erinnert an die frühen Seerosen-Gemälde Claude Monets.

Am Ende des Pfades steht man urplötzlich am Ufer des Rheins. Rechter Hand erscheinen der Binger Mäuseturm und die gegenüberliegende Burg Rheinfels bei Rüdesheim, links erstreckt sich der romantische Rheingau-Ort Assmannshausen mit seinem alles überragenden Höllenberg – der besten Spätburgunder-Weinlage der Welt. Über einen Steg aus Bruchsteinen, rechts und links von Wasser umgeben, spaziert man über den Rhein und fühlt sich, als könnte man über das Wasser gehen. Die vorbeiziehenden Schubschiffe kann man fast mit der Hand greifen, die Gäste auf den Ausflugsdampfern winken überrascht angesichts der scheinbar unzugänglichen Wildnis.

Wer jetzt eine Flasche Wein und zwei Gläser aus dem Rucksack zaubert, genießt in der Abendsonne den Höhepunkt dieses kleinen Abenteuers.

Adresse Personen- oder Autofähre Rüdesheim in der Rheinstraße, 65385 Rüdesheim | **ÖPNV** RheingauLinie bis Bahnhof Bingen, dann zu Fuß über die Museumstraße immer am Rhein entlang | **Anfahrt** nach der Rheinüberquerung durch Bingen auf die B 9 in Richtung Trechtingshausen; ab altem Bahnhof Bingen sind es knapp 4 Kilometer | **Öffnungszeiten** durchgehend, aber Vorsicht vor der Dämmerung, dann sind die Wege teilweise kaum noch zu erkennen, und man gerät in Gefahr, in einen der Tümpel zu stolpern | **Tipp** Auf dem Rückweg können Sie im Restaurant Weinzeit in der Bingener Vinothek (Hindenburganlage 2, 55411 Bingen) eine Rast einlegen und den Blick auf Rüdesheim genießen.

87 Das Schuhhaus und sein Nachbar

Überwucherte Erinnerungen

Am 25. November 1944 erreichte der Zweite Weltkrieg auch den Rheingau. Die ersten Kriegsjahre kannte man hier nur aus der Presse. Doch in dieser Nacht kamen Schrecken und Angst nach Rüdesheim. Der ehemalige Stadtarchivar Rolf Göttert schrieb: »Das Dröhnen von wenigstens 800 schweren Flugzeugmotoren im Anflug, dann folgte das Rauschen und Heulen der […] herabstürzenden Sprengbomben.« In drastischen Worten führte er aus, welche Auswirkungen der Angriff hatte. Überall Trümmer, zerstörte Straßen und Häuser, verletzte und tote Menschen. Eine Rauchsäule ragte sechs Kilometer in den Himmel und stank nach »versengtem Hausrat und dem Fleisch verbrannter Menschen und Tiere«.

201 Menschen verloren an diesem Tag ihr Leben, rund 1.000 wurden mit einem Schlag obdachlos. Die Stadt war mitten im »totalen Krieg« angekommen. Ein knappes halbes Jahr später sprengten die fanatischen Nazis die Hindenburgbrücke nach Bingen, um die Alliierten zu stoppen. Die Trümmer der Brücke wurden am Ufer gesammelt. Dort liegen sie als ewiges Mahnmal.

Die zerstörten Häuser wurden beseitigt und neu gebaut, und der Alltag kehrte zurück. Im zerstörten Schuhhaus Herms verlor Ferdinand Herms sein Leben. Der Gründer hatte 1907 sein Schuhwarenlager annonciert und Maßanfertigungen für »normale und leidende Füße« versprochen. Die Familie baute das zerstörte Wohn- und Geschäftshaus wieder auf und führt sein Erbe fort. Heute erinnern alte Bilder auf der Webseite an die schreckliche Zeit. Einen Klick weiter die aktuelle Schuhmode für Damen, Herren und Kinder.

Neben dem 110 Jahre alten Geschäft in der Kirchstraße steht seit 1944 ein kleines Grundstück leer. Zwei Werbeflächen, ein Holzbrett und ein Schloss verhindern den Zugang. Dahinter hat die Natur die Trümmer und Erinnerungen des 25. November 1944 überwuchert.

Adresse Kirchstraße 8, 65385 Rüdesheim, Tel. 06722/2233 | **ÖPNV** ab Wiesbaden oder Lorch Bus 171 bis Haltestelle Rüdesheim Geisenheimer Straße oder RheingauLinie bis Bahnhof Rüdesheim, 900 Meter Fußweg | **Anfahrt** B 42 bis Rüdesheim, über Geisenheimer Straße und Grabenstraße bis zum Eckladen | **Öffnungszeiten** Mo–Fr 9–12.30 und 14.30–18.30 Uhr, Sa 9–13 Uhr, im Sommer auch Sa 14.30–17.30 Uhr, So 11–17.30 Uhr | **Tipp** An der Grabenstraße gegenüber ist die hübsch eingerichtete Vinothek des Weingutes Georg Breuer, in der eigene Weine verkostet und gekauft werden können.

88 Der Sektladen

21-mal Prickelndes zum Probieren

Anton Ohlig zog es Ende des 19. Jahrhunderts aus der Kartoffelhochburg Rübenach bei Koblenz an die Königlich Preußische Lehranstalt für Wein-, Obst-, Gartenbau und Kellerwirtschaft in Geisenheim. Nach erfolgreichem Studienabschluss und ersten Lehrjahren in Rüdesheim gründete er mit dem Feinkost-Experten Karl Heymach und dem vermögenden Wilhelm Boltendahl 1919 eine Sektkellerei. Ein mutiger Schritt, denn kurz nach dem Ersten Weltkrieg litten die Rheingauer unter der französischen Besatzung, und die Weinpreise waren im Keller.

Ein knappes Jahrhundert später ist die vierte Generation der Familie am Start und die Marke Ohlig auf dem Höhepunkt ihres Schaffens. Über die Landesgrenzen hinaus wird Ohlig-Sekt in Restaurants getrunken, viele Rheingauer und überregionale Winzer lassen ihre Grundweine in der Kellerei versekten, und auf vielen Veranstaltungen wird Ohlig-Sekt ausgeschenkt. Eine dieser Veranstaltungen ist der jährlich vom Verband Deutscher Sektkellereien ausgerufene Deutsche Sekttag. An diesem Tag öffnen Rheingauer Sekthäuser wie Schloss Vaux, Rotkäppchen-Mumm, Solters oder eben auch die Sektkellerei Ohlig ihre Türen und zeigen, wie heute zwischen Tradition und Präzision Sekt entsteht. Probiert wird auch, und dabei stellen die Besucher fest, wie breit die Auswahl an deutschem Sekt mittlerweile geworden ist.

Die Erben Anton Ohligs produzieren heute die größte Sektauswahl eines Rheingauer Familienunternehmens. Aus Kapazitätsgründen wurde schon 1953 der Produktionsstandort gewechselt und einige Jahre später zusätzlicher Lagerraum geschaffen. Im denkmalgeschützten Haupthaus mit auffälligen Walmdächern an der namentlich zum Produkt passenden Kaiserstraße werden Gruppen durch den historischen Keller geführt. In der industriellen Produktionshalle an der Geisenheimer Straße öffnet der Kellereiverkauf auch am Wochenende und hält seine 21 Sorten zum Probieren bereit.

Adresse Stammhaus: Kaiserstraße 4a, 65385 Rüdesheim; Kellereiverkauf: Geisenheimer Straße 54, 65385 Rüdesheim, Tel. 06722/30010, www.sektkellerei-ohlig.de | **ÖPNV** ab Wiesbaden oder Lorch Bus 171 bis Haltestelle Rüdesheim Rheinhalle, 250 Meter Fußweg | **Anfahrt** über die B 42 nach Rüdesheim, die Durchfahrtsstraße ist die Geisenheimer Straße, dort stehen links drei Flaggen vor dem Gebäude | **Öffnungszeiten** Kaiserstraße (nur Verkauf): Mo–Fr 8–16 Uhr; Sektladen (mit Probieren): Fr 14–18 Uhr, Sa 11–18 Uhr, So 12–18 Uhr | **Tipp** Wer mit zehn oder mehr Personen in den Rheingau kommt, kann eine Führung durch die Sektkellerei anfragen.

89 Der Tisch mit vier Stühlen

Sehen und nicht gesehen werden

Im 15. Jahrhundert wurde Rüdesheim vom Rheinufer aus erweitert. Die ersten Häuser in der berühmten Drosselgasse entstanden. Rheinschiffer bezogen in der schmalen Gasse unweit ihrer Wasserfahrzeuge Quartier. In den nächsten 300 Jahren wechselten häufig die Besitzer und damit manchmal auch die Nutzung. Der ehemalige Stadtarchivar Rolf Göttert beschreibt in seinem Aufsatz »Phänomen Drosselgasse« diese Entwicklung und erzählt von Vermählungen der Rheinschiffer mit Weinbaufamilien, in deren Folge die mit den Rheinschiffen transportierten Rheinreisenden auch zum eigenen Wein in neu geschaffene Gästeräume gelockt wurden.

Mit dem Erfolg des einen erwachten auch die Nachbarn, und so entstand Haus für Haus ein Ort der Willkommenskultur mit Wein und Musik. Parallel dazu wurde eine Zahnradbahn gebaut, später die heutige Seilbahn, um zum Niederwalddenkmal zu gelangen. Die Drosselgasse war bald mit rheinischer Fröhlichkeit vollgepackt, und in den Seitenstraßen wurden weitere Restaurants und Hotels gebaut.

Eines davon ist das historische Weinhotel »Zum Grünen Kranz« in der Obergasse. Bis hierhin laufen die Gäste von der Drosselgasse, ab hier spazieren die Touristen vom nahe gelegenen Parkplatz. Inhaber Ralf Nägler gehört zu den engagierten Rüdesheimern, nicht nur in seinem Hotel, sondern auch im Tourismus der Region. Er bietet Zimmer, heimische Küche, Radverleih, mit Speis und Trank gefüllte Wanderrucksäcke und Nordic-Walking-Exkursionen. Sein persönliches Lieblingsplätzchen ist oberhalb der Straße auf einer gemauerten Terrasse. In einer kleinen Ecke neben der Steintreppe steht ein Tisch mit vier Stühlen. Von hier aus sieht man die Vorbeischlendernden, die Gehetzten, die Busgruppen, die Weinseligen, die Wanderer, die Lieferanten, die Schönen und die Reichen. Und man selbst: sitzt ganz versteckt über den Dingen.

Adresse Oberstraße 42–44, 65385 Rüdesheim, Tel. 06722/48336, www.gruenerkranz.com |
ÖPNV Bus 171 von Lorch oder Wiesbaden bis Haltestelle Rüdesheim Krankenhaus, von
dort rund 150 Meter zu Fuß | **Anfahrt** B 42, bis Rüdesheim immer geradeaus, dann in der
Stadt rechts bergauf in die Grabenstraße und auf dem Parkplatz Am Eibinger Tor parken,
von dort 50 Meter zu Fuß | **Öffnungszeiten** Restaurant täglich 10–22 Uhr | **Tipp** Vom
»Grünen Kranz« führt die Germaniastraße nach 40 Metern links zum Einstieg des
schönsten Fußweges zur Germania (Niederwalddenkmal) mit Blick über Rüdesheim und
das Rheintal auf der gesamten Strecke.

90__ Der Weihnachtsladen

Ist denn heut schon Weihnachten?

Ja klar, Weihnachten ist nur einmal im Jahr. Dennoch sind wir es gewohnt, kurz nach den Sommerferien über die ersten Lebkuchen, Spekulatius und Weihnachtsmänner in den Regalen der Supermärkte zu stolpern. Da wundert es auch nicht, ein Ganzjahresgeschäft für das – für den Einzelhandel so lukrative – Fest zu entdecken. Ein solches findet sich in Rüdesheim, selbstredend direkt neben der Seilbahn zum Niederwalddenkmal und nur einen Rentiersprung entfernt von einer der berühmtesten Gassen der Welt, der Drosselgasse.

»Käthe Wohlfahrt« heißt der bekannte Laden, der in der »Weihnachtswerkstatt« am Hauptsitz in Rothenburg ob der Tauber fertigt und ein Weihnachtsmuseum betreibt. Die weiteren Orte der Filialen sind ein »Who's who« der traditionsreichen deutschen Reiseziele: Bamberg, Berlin, Heidelberg, Nürnberg, Oberammergau – und eben Rüdesheim. Diese Städte findet man im Angebot von Gruppenveranstaltern im Ausland oder bei deutschen Busunternehmen mit Gästen aus der ganzen Welt. Die Wahl der Standorte kommt nicht von ungefähr, bemerkte doch das Gründerpaar Käthe und Wilhelm Wohlfahrt die Freude amerikanischer Soldaten beim Anblick einer hölzernen Spieldose, aus der kristallklare Töne klangen, schon kurz nach dem Zweiten Weltkrieg. Der erste Einkauf bestand aus zehn solcher Spieldosen, die in amerikanischen Kasernen Absatz fanden.

Heute fühlt man sich in eine multikulturelle Rheinromantik versetzt, wenn man mit dem internationalen Strom der Touristenscharen zwischen Dekoartikeln aus Holz, Zinn und Glas, Nussknackern, Räuchermännchen, Weihnachtspyramiden, Spieldosen und Baumschmuck hindurchläuft. Der eine oder andere wirkt ein wenig verunsichert, ob er nun ein Souvenir aus Deutschland für die Lieben zu Hause oder ein Geschenk für den eigenen Baum in den Händen hält. Aber fast allen ist die kindliche Begeisterung gemein, mit der sie die zigtausend Artikel ungläubig bestaunen.

Adresse Oberstraße 35, 65385 Rüdesheim, Tel. 09861/4090 | **ÖPNV** ab Wiesbaden oder Lorchhausen Bus 171 bis Haltestelle Rüdesheim Bahnhof/Brömserburg, 450 Meter Fußweg, oder RheingauLinie bis Bahnhof Rüdesheim, 500 Meter Fußweg | **Anfahrt** über die B 42 am Rhein entlang nach Rüdesheim, über Geisenheimer Straße, rechts in die Grabenstraße und bis zum Parkplatz »An der Ringmauer«, von dort sind es rund 250 Meter bis zur Talstation der Seilbahn und dem Laden | **Öffnungszeiten** Mo–Sa 9–19 Uhr, So und feiertags 9.30–18 Uhr | **Tipp** Auf dem Rüdesheimer »Weihnachtsmarkt der Nationen« wird die Stadt für vier Wochen zu einem riesigen Käthe-Wohlfahrt-Laden. Öffnungszeiten ab Ende November bis Heiligabend So–Do 11–20 Uhr, Fr, Sa 11–21 Uhr.

91__Die Winebar

Hipster, Touris, Alteingesessene

»Ei, was war das immer schee« bei den Ehrhards, wenn Chefin Petra zweimal im Jahr hausgemachte Leckereien servierte und ihr Mann Carl seine Weine vorstellte. So geschmackvoll war die Straußwirtschaft eingerichtet und so aufgeräumt der alte Weinkeller. Und nun kommen »junge Leut« und machen alles ganz »annersders«.

Petra Ehrhard hat mit Alexander Nerius aus Kapstadt und Rienne Martinez aus New York ein frisches Gutsausschank-Konzept gestaltet. Der tätowierte Südafrikaner ist Grafiker, Fotograf, jetzt auch Gastgeber und sorgt für Coolness und visuellen Genuss beim Betrachten der Karte, der Webseite, seiner Bilder und anderer kleiner Designschätze. Die herzliche Köchin aus den USA mischt ihre urbanen Erfahrungen mit heimischer Tradition am Herd, das Menü überrascht zeitgemäß mit oder ohne Fleisch zwischen Gambas, Gazpacho, Datteln und Käseplatte – ein Gedicht ist das halbe Winebar-Chicken. Ab und an gibt es Livemusik und Tastings.

Echtes Neuland liest man auf der Weinkarte: Wo sonst nur die Weine des jeweiligen Hauses stehen, wuchert die Winebar mit einer Auswahl, die einem Spitzenrestaurant gut zu Gesicht stünde. So ziemlich alle deutschen Weinanbaugebiete sind vertreten, dazu international ausgewählte Spaßmacher von Wien bis Südafrika, die komplette Ehrhard-Kollektion und Rheingauer Winzerfreunde. Und wer keinen Wein mag, wählt einen Sherry, Port, Whiskey oder eines der vielen Biere.

Man sitzt im idyllischen Innenhof oder in den beiden Gaststuben. Stilistisch finden sich auch die früheren »Do-Hocker« in dem Mix aus Vintage, Landhaus, Bar und Kneipe wieder. Eine Schneidemaschine von 1934 und Retro-Barhocker sind dazugekommen. Das rote Sofa aus der früheren Straußwirtschaft gibt es immer noch. Auch die Wendeltreppe zum 130 Jahre alten Weinkeller ist unverändert, und zwischen den Weinfässern ist die Welt der Ehrhards dann wieder wie seit 1884. »Ei, was ist das doch schee.«

Adresse Geisenheimer Straße 3, 65385 Rüdesheim, Tel. 06722/47396, www.weingut-carlehrhard.de | **ÖPNV** ab Wiesbaden oder Lorch Bus 171 bis Haltestelle Rüdesheim Rheinhalle, 100 Meter Fußweg, oder RheingauLinie bis Bahnhof Rüdesheim, 900 Meter Fußweg | **Anfahrt** über die B 42 nach Rüdesheim, die Durchfahrtsstraße ist die Geisenheimer Straße | **Öffnungszeiten** Di–Sa 17–24 Uhr | **Tipp** Wer im Anschluss noch weiterfeiern möchte: Im »Dudelsack« (Grabenstraße 5) gibt es täglich von 16–2 Uhr Schottisch-Britisches zum Trinken, Billard, Tischfußball, Dartscheiben, alle Fußballspiele live und ordentlich gelüftete Raucherbereiche.

92 Die Schiersteiner Brücke

Reale Fotomontage des Rheingaus

Was ärgern wir uns über die ewigen Baustellen und Sperrungen vor, auf und hinter der Schiersteiner Brücke. Nur Ältere erinnern sich an störungsfreie Überfahrten über die wichtigste Verbindung zwischen Hessen und Rheinland-Pfalz. Einmal musste die Brücke sogar komplett gesperrt werden. Rheinfähren und Bahn hatten wochenlang Hochkonjunktur, und auf den Alternativ-Strecken lösten sich die Staus nicht mehr auf. Schön ist sie auch nicht, mehr ein Zweckbau, der 1955 vom damaligen Bundesverkehrsminister Dr. Hans-Christoph Seebohm in Auftrag gegeben wurde.

Immerhin kommt man über die am 13. Dezember 1962 feierlich eingeweihte Überführung auf die andere Seite – auch zu Fuß oder mit dem Fahrrad, wenn die schmalen Streifen rechts und links der Autobahn nicht ebenfalls gesperrt sind. Auf halber Strecke liegt unterhalb der Brücke die Rettbergsaue, ein bis zu 300 Meter breites Naturschutzgebiet mit einem kleinen Bereich für Camper und zur Naherholung. Am Strand tummeln sich Familien und springen zur Abkühlung in den Rhein. Der Zugang von der Brücke ist allerdings – klar – gesperrt.

Warum, fragen Sie sich nun vielleicht, findet der Ort in diesem Buch Erwähnung? Ganz einfach: Rund 100 bis 200 Meter vom Schiersteiner Ufer entfernt hebt sich der Vorhang der industriellen Anlagen in der unmittelbaren Nachbarschaft und eröffnet einen unfassbaren Blick in den Rheingau. Bei klarer Sicht kann man auf einem einzigen Bild die wichtigsten Sehenswürdigkeiten sehen: Eltviller Burg, Oestricher Kran, Schloss Vollrads und Schloss Johannisberg, Rheingauer Dom, Abtei Sankt Hildegard, und sogar die Germania winkt vom Niederwalddenkmal aus rund 20 Kilometern Entfernung. Man findet immer mehr Details, wundert sich über die scheinbare Nähe der Gemeinden und kommt sich vor wie in einer 3-D-Fotomontage des Rheingaus. Vergleichbare Überraschungen für das Auge sieht man ansonsten nur von einer der Rheinfähren.

Adresse 65201 Schierstein | **ÖPNV** ab Hauptbahnhof Wiesbaden mit Bus 14 oder 47 bis Haltestelle Friedrich-Bergius-Straße oder Äppelallee-Center, 500 Meter Fußweg | **Anfahrt** A 66 zwischen Wiesbaden-Schierstein und Mainz-Mombach; parken kann man zum Beispiel auf dem großen Parkplatz beim Möbelhaus XXL, dann zu Fuß rund 500 Meter | **Öffnungszeiten** durchgehend | **Tipp** Für ein Foto klare Luft und einen verkehrsruhigen Moment abwarten, da die Brücke bei Belastung schwingt.

93__Die alte Schule
Schatzkammer der Unterhaltung

An der Rückwand des großen »Klassenzimmers« hängt ein mit geschwungenen Holzelementen geschmückter Balkon. Über eine Leiter klettern zwei Gäste hinauf, nehmen auf rotem Plüsch Platz und genießen aus erhabener Stellung die Vorstellung. Das Szenario erinnert an die Loge der stets lamentierenden und kommentierenden Muppetshow-Senioren Statler und Waldorf.

Die kleine architektonische Anekdote in der 2011 eröffneten »Alten Schule Rheingau« zeigt die Originalität und Leidenschaft des Musikers und früheren Bauleiters Volkmar Nägler, der die 1905 gebaute Dorfschule gekauft, kernsaniert und viele liebevolle Details installiert hat. Sein Traum war ein eigener Club – »Das wünscht sich doch jeder Musiker« –, und diesen Traum hat er sich hier erfüllt.

Gemeinsam mit seiner Lebensgefährtin Sabine Bierfreund, die alles Werbliche und Administrative übernimmt, ging der waschechte Rheingauer das Projekt an. Der große Klassenraum wurde clubgerecht in Rot und Gold getaucht, kleine Tischchen aufgestellt und eine große Bühne statt des Lehrerpults eingebaut. Im ehemals zweiten Klassenraum der Schule ist heute die Technik untergebracht. Ein Prunkstück und natürlich Ehrensache für den Musiker, der alle Baumaßnahmen auch immer auf eine erstklassige Akustik abgestimmt hatte.

Auffälligste Veränderung im Vergleich zum ursprünglichen Zustand ist ein weithin sichtbarer 13,5 Meter hoher Turmanbau. Hier betreten die Gäste das Gebäude, und hier bekamen die Künstler unter dem Dach eine kultverdächtige Suite eingerichtet – mit einem schwebenden goldenen Bett. Kein Wunder, dass Sänger, Kabarettisten, Geschichtenerzähler und Workshopleiter gerne kommen. Man wird von Kopf bis Fuß verwöhnt, ebenso wie es Volkmar Nägler auch mit seiner im Rheingau bekannten Band »Beatbox« gerne hat. Und das Wohlfühlen überträgt sich aufs Publikum, das in Scharen kommt und die Veranstaltungen bis auf den letzten Stuhl füllt.

Adresse Schulgraben 2, 65366 Stephanshausen, Tel. 06722/5149, www.alteschule-rheingau.de |
ÖPNV ab Geisenheim Bahnhof Bus 183 oder 184a bis Haltestelle Stephanshausen Kirche |
Anfahrt B 42, Abfahrt Johannisberg und weiter nach Stephanshausen, der neue Turm der
Alten Schule ist von der Durchfahrtsstraße aus gut zu erkennen | **Öffnungszeiten** nur zu
Veranstaltungen | **Tipp** Auf dem Heimweg geht es zurück über Johannisberg. Kurz nach
dem Ortseingang geht es dort nach rechts zur »Goldatzel« (Hansenbergallee 1), dem laut
einer Umfrage der Gebietsvinothek beliebtesten Gutsausschank im Rheingau.

94_ Der Rheingauer Dorfladen

Mit Wild und Brot aus der Not

Vor einigen Jahren gab es in Stephanshausen noch vier Gaststätten, ein Hallenbad, einen Minigolfplatz, drei Bankfilialen, einen Supermarkt, eine Raiffeisenhandlung, Lebensmittel vom Bauernhof, Arzt- und Bürgermeistersprechstunden. Das ist vorbei. Nicht mal mehr ein Brötchen war übrig geblieben, das die Einwohner hätten käuflich erwerben können. Eine Bürgerinitiative wurde ins Leben gerufen. Das Ziel: ein kleiner Dorfladen, der wenigstens die Grundbedürfnisse abdecken sollte.

Den Anfang machte Wolfgang »Wolle« Müller vom Dorfgemeinschaftshaus. Der Wirt war ohnehin schon die Anlaufstelle für Familienfeiern, Kegelabende oder Abendessen außer Haus und erklärte sich bereit, Brot und Brötchen zu verkaufen. Läuft. Für den zweiten Schritt sorgte die Rüdesheimer Familie König, die herkam, um ein Landgasthaus und darin den von den 1.100 Einwohnern ersehnten Dorfladen zu eröffnen. Christine und Jürgen König glauben – wie viele ihrer Nachbarn – an einen Neuanfang für die Infrastruktur des von jungen Familien geschätzten Dorfes und an Gäste von den nahe liegenden Wanderrouten.

Da immer eins das andere ergibt, gehen die Königs in Vorleistung. Angebote, die es nicht im »normalen« Supermarkt gibt, sollen Interesse wecken. Nun gibt es eine eigene Metzgerei, in der Jürgen König von den hiesigen Jägern geliefertes Wild verarbeitet. Nebenan wird im handgemauerten Brotbackofen aus regionalem Getreide frisch gebacken. Wildbret und Brot gibt es exklusiv im Dorfladen, dazu noch selbst gemachte Fruchtaufstriche einer Freundin der Königs. Rheingauer Winzer füllen die Getränkeregale, und für den täglichen Bedarf sorgt eine hinzugekaufte Produktpalette von Shampoo über Milch und Butter bis zum Teebeutel. Und Wolfgang »Wolle« Müller vervollständigt die Versorgung in Stephanshausen und verkauft täglich Gemüse, Salat, Kartoffeln, Zwiebeln, Konserven und Süßigkeiten an die Einheimischen.

Adresse Brühlstraße 2–4, 65366 Stephanshausen, Tel. 06722/9445797, www.landgasthaus-koenig.de | **ÖPNV** ab Geisenheim Bahnhof Bus 183 oder 184a bis Haltestelle Stephanshausen Kirche | **Anfahrt** B 42, Abfahrt Johannisberg und weiter nach Stephanshausen, zum Dorfladen geht es von der Hauptstraße links ab | **Öffnungszeiten** Di – Fr 6 – 14 Uhr, Sa 8 – 12 Uhr | **Tipp** Frisch mit Proviant eingedeckt geht es auf den vier Kilometer langen Silberseeweg rund um und mit schönen Blicken auf das Dorf. Startpunkt ist der Körberbrunnen an der Hauptstraße. Wer es weiter mag, geht den Himmelssteig über elf Kilometer, ebenfalls rund um Stephanshausen.

95__Die Fahrradfähre

Entspannter kommt man nicht über den Rhein

Zwischen der Schiersteiner Brücke und der Südbrücke in Koblenz ist der Rhein auf 90 Kilometern nur schwimmend zu überwinden – oder mittels einer Fähre. Im Rheingau gibt es davon fünf: drei Autofähren zwischen Lorch und Niederheimbach, Rüdesheim und Bingen, Mittelheim und Ingelheim und eine Personenfähre zwischen Rüdesheim und Bingen. In Walluf gab es aufgrund von wochenlangen Brückenarbeiten im Jahr 2015 noch eine temporär eingerichtete Autofähre, deren Betrieb mittlerweile wieder eingestellt wurde. Die Rheingauer liebten die Fahrten über den Rhein aufgrund der neuen Perspektiven, die sich hier eröffneten, und des beschaulichen Tempos zum Tagesstart oder -ausklang.

Auf das Vergnügen muss man – wenn auch autofrei – nicht verzichten. Vom Wallufer Rheinufer pendelt jeden Sonn- und Feiertag die Wallufer Fahrradfähre nach Budenheim. Der Transport kostet 3 Euro mit, 2 Euro ohne Fahrrad, für Kinder einen Euro weniger, und der Familienhund darf auch mit – für 50 Cent. Hubertus Nikolay betreibt die Wallufer Fähre in der fünften Generation mit seiner Frau und zwei Söhnen. Weil man davon allein nicht leben kann, bieten sie ihre Charterschiffe »Libelle« und »Möve« auch für Partys und Hochzeiten an.

Nikolays Vorfahren begannen mit dem Fischfang und -handel, transportierten andere Fischer und später auch Arbeiter der boomenden Budenheimer Industrie über den Rhein. Mit der Inbetriebnahme der Schiersteiner und der Weisenauer Brücke am 13. Dezember 1962 kam dieser Fährbetrieb fast zum Erliegen. Die Nikolays machten dennoch weiter und freuten sich in den 1980er Jahren über das steigende Gesundheitsbewusstsein und den damit einhergehenden Boom der Fahrradindustrie. Endlich kamen neue Fahrgäste, vor allem an arbeitsfreien Tagen. Die fünfte Fähre ist sicherlich die schönste aller Möglichkeiten, zwischen Wiesbaden und Koblenz auf die »eebsch Seit« zu kommen.

Adresse Schwanengäßchen, 65396 Walluf | **ÖPNV** RheingauLinie bis Bahnhof Walluf, 500 Meter Fußweg, oder Bus 171 bis Haltestelle Kirchgasse, 300 Meter Fußweg | **Anfahrt** B 42, Abfahrt Niederwalluf, von der Hauptstraße abbiegen in Richtung Rhein, dort Parkplätze auf dem La-Londe-Platz 50 Meter entfernt | **Öffnungszeiten** April–Okt. bei schönem Wetter So und feiertags 10–18.15 Uhr | **Tipp** Nach der Rückkehr bietet sich der Besuch des Weingartens des Weingutes Becker an – gegenüber der Anlegestelle, hinter einer hohen Ufermauer gelegen (Rheinstraße 5, Eingang auf der Rückseite). Dort dürfen ganz nach bayerischem Biergarten-Vorbild Speisen selbst mitgebracht werden.

96 Der japanische Bahnhof
Erfolgreicher Kulturschock

Wer in einem Restaurant einen Kugelfisch zubereiten möchte, muss seine Fähigkeiten nachweisen und eine Lizenz erwerben. Ko Miyagi hat diese Fähigkeiten. Er ist Kaiseki-Meister. Zehn Jahre dauert die Ausbildung, bis die komplette traditionelle japanische Küche sitzt. Wer geduldig ein so komplexes Handwerk erlernt, ist später in der Gastronomie sehr begehrt. Das Frankfurter Maritim-Hotel konnte den Japaner für sich gewinnen, und Miyagi leitete weitere zehn Jahre seines Lebens dort das Restaurant »Sushi Sho«. Danach waren die Lehr- und Wanderjahre vorbei, und Ko Miyagi suchte mit seiner Familie ein eigenes Lokal.

So weit ist die Geschichte durchaus schon beeindruckend. Doch jetzt springt der Aal aus der Pfanne: Die japanische Familie fand ein verlassenes Restaurant – in Niederwalluf. Eine alte Bierstube mit deutscher Einrichtung, schwarzbraunem Holz, schweren Stoffen und rustikalen Eichentischen wurde die neue Heimat. Kein Mensch wäre auf die Idee gekommen, hier die leichte asiatische Küche zu suchen, die so gerne in tageshellen Lokalen zu Hause ist. Doch die Miyagis störte das schummerige Ambiente nicht und ihre vielen, über die Jahre gesammelten Stammgäste auch nicht. Im Gegenteil: Der gewöhnungsbedürftige Kontrast förderte die Neugier, und so waren die Abende vom ersten Tag an ausgebucht. Tage oder Wochen im Voraus musste man reservieren, um dabei zu sein, wenn der Meister zauberte.

Der Zusammenprall der Kulturen in dem skurrilen Ambiente hielt nicht lange vor. Die aktuelle Heimat des Kaiseki-Meisters ist seit Herbst 2016 auf der anderen Straßenseite, im 1907 erbauten Bahnhofsgebäude. Hier zeigt sich die niedliche und phantasievolle Architektur japanischer Speisetempel. Wie ein moderner Waggon mutet die Einrichtung an. Ein wenig Manga, da alles klein und niedrig ist. Aber stimmig und mit vorerst 24, schon bald aber 48 Sitzplätzen familiär. Am Bistro-Eingang kann man über die Theke dabei zusehen, wie Fisch perfekt zubereitet wird.

Adresse Bahnhofstraße 11, 65396 Walluf, Tel. 06123/7500096, www.miyagi.restaurant |
ÖPNV ab Wiesbaden oder Rüdesheim Bus 171 bis Haltestelle Walluf Werftstraße,
Fußweg 100 Meter, oder RheingauLinie bis Bahnhof Walluf; das Bistro ist im Bahnhofs-
gebäude | **Anfahrt** B 42, Abfahrt Walluf-Frauenstein, durch Walluf bis zur Neustraße, rechts
abbiegen, vor den Gleisen parken | **Öffnungszeiten** Mo–Sa 12–14 und 18–22 Uhr | **Tipp**
Auf der anderen Seite der Bahnhofstraße, ein paar Meter weiter in Richtung Wiesbaden,
steht der mehrteilige, ab 1870 erstellte Industriebau der Sektkellerei Reuter & Sturm.

97 — Die Johanniskirche

Wein und Brot braucht das Volk

Kennen Sie das? Sie kaufen neue Schuhe, ziehen fortan nur noch diese an und vergessen die bisherigen. Erst ein paar Jahre später tauchen die alten in den Tiefen des Schuhschranks wieder auf, und Sie fragen sich, wie sie jemals in Vergessenheit geraten konnten. Dieses Schicksal ereilte auch die Wallufer Johanniskirche. Bereits im 10. Jahrhundert wurde sie als Teil einer Wehranlage im romanischen Stil errichtet und rund 500 Jahre besucht und belebt. Dann brannte sie ab, wurde durch einen gotischen Neubau ersetzt und im Dreißigjährigen Krieg – diesmal von den Schweden – erneut angezündet und verwüstet. Zwar stellten die Wallufer ihre Kirche wieder her, veranstalteten ihre Gottesdienste aber nun immer mehr in der im Ortskern stehenden Kirche, die heute den Namen von Sankt Johannes dem Täufer trägt.

Erst in den 1960er Jahren befreiten ein paar Wallufer die zugewachsenen Mauern und entrümpelten den Platz, auf dem auch die Ruine der Turmburg, einer kleinadeligen Burganlage, auftauchte. Anfang des 3. Jahrtausends versetzte die Gemeinde Walluf den historischen Ort in einen einladenden Zustand.

Der Wallufer Elmar Lorey nahm dies zum Anlass, den Kulturverein »Alte Johanniskirche« zu gründen, der sich um das kulturelle Leben an der Pforte zum Rheingau kümmert und eigene Veranstaltungen auf dem historischen Gelände der alten Johanniskirche und der Turmburg organisiert. Im »Wallufer Sommer« finden Lesungen, Konzerte, Kleinkunst und Theateraufführungen statt.

»Wein und Brot« untertiteln die Kulturschaffenden ihre Veranstaltungen – ein Fingerzeig zu einem Stein der Kirchenruine, auf dem die eher hohen Wein- und Brotpreise des Jahres 1668 notiert wurden. Keine leichte Zeit also für »Schnudedungger«, das rheingauerische Spottwort für fleißige, sparsame Weintrinker aus Peter Michael Eulbergs »Aach Gude«. Den heutigen Gästen geht es da besser: Sie bekommen den Schoppen zum angemessenen »Kulturpreis«.

Adresse Im Johannisfeld, 65396 Walluf | **ÖPNV** RheingauLinie bis Bahnhof Walluf, 650 Meter Fußweg, oder Bus 171 bis Haltestelle Friedhof, 300 Meter Fußweg | **Anfahrt** B 42, Abfahrt Walluf-Schierstein, dann am ersten Kreisel links, am zweiten geradeaus und in Walluf von der Hauptstraße links in Im Johannisfeld einbiegen; Parkplätze in der Werftstraße gegenüber dem Sportplatz, 350 Meter entfernt | **Öffnungszeiten** durchgehend; Veranstaltungstermine unter www.wallufer-sommer.de | **Tipp** Die Johanniskirche ist Station Nr. 1 auf dem Sankt-Johannis-Besinnungsweg, der als Rund-Pilgertour auf sieben Kilometern an acht Kircheneinrichtungen vorbeiführt.

98 Das Kaffee Kränzchen

Ist das noch Rheingau oder schon Cornwall?

Wenn Maria Becker vom Weingut J. B. Becker spricht, kommen Liebeserklärungen aus ihrem Mund. Sie ist eine Einheimische, wie man sie nicht erfinden könnte. Sie sitzt an einem alten Tisch in ihrer mondänen Weinprobierstube. An den Wänden alte Stiche, Gemälde, Fotos und Notizen. Auf der Suche nach 111 Orten im Rheingau treffe ich Menschen, die schon lange hier sind. Bei Maria genügt die erste Geschichte, um einen heißen Tipp zu bekommen: »Geh in die alte Post, da ist jetzt ein Café drin, allein das Haus, die Dielen und der alte Postschalter, das musst du gesehen haben.«

Die ehemalige Wallufer Post in der Hauptstraße ist ein unauffälliges zweigeschossiges Haus. Die geflügelte Holztür mit zwei vergitterten Scheiben versöhnt vor dem Eintritt ins Kaffee Kränzchen. Dahinter steht man auf historischem Boden aus dem 18. Jahrhundert. Wer immer hier für die nostalgische Einrichtung verantwortlich zeichnet, gehört auf Händen getragen. Jeder alte Stuhl hat eine eigene Geschichte. Jedes Stück wirkt handverlesen und dreimal gedreht, bevor es die Ehre der Aufnahme in dieses Ambiente erhielt. Und dann diese Torten- und Kuchentheke, ein Juwel der alten Backkunst: Mohn-Schmand, Käse-Vanille, Preiselbeer-Schoko, Rhabarber-Kokos und, und, und. Jeder Kuchen hat nichts mit dem Allerlei »da draußen« zu tun. Er gehört genau hierhin, und er schmeckt auch so. Vielleicht 15 oder 16 Kuchen stehen hier, und damit die auch alle frisch und handgemacht sind, steht die Inhaberin Martina Kurz, die oben im Haus wohnt, auch schon mal mitten in der Nacht auf.

Im mit Blumen gefüllten und duftenden Innenhof setzt sich der Augenschmaus fort. Rosafarbene und geblümte handgemachte Kissen auf alten Klappstühlen, auf den Tischen frische Blumen in unbehandelten Blecheimerchen. Am Nachbartisch isst jemand Kuchen aus einem Glas, und man fragt sich: Bin ich noch im Rheingau oder doch bei Rosamunde in Cornwall gelandet?

Adresse Hauptstraße 26, 65396 Walluf, Tel. 0177/6769869 | **ÖPNV** RheingauLinie
bis Bahnhof Walluf, 250 Meter Fußweg, oder Bus 171 bis Haltestelle Walluf Kirchgasse,
100 Meter Fußweg | **Anfahrt** B 42, Abfahrt Walluf-Schierstein, von der (jungen) Haupt-
straße in Wallufnach der Bushaltestelle links ab und gleich wieder rechts in die (alte)
Hauptstraße abbiegen | **Öffnungszeiten** Mi – Sa 14 – 18 Uhr, So und feiertags 13 – 18 Uhr |
Tipp Nach Kaffee und Kuchen lässt es sich wunderbar an der alten Ufermauer entlang-
spazieren und im Weingarten des Weingutes J. B. Becker vorbeischauen.

99 Die Klamm

Historischer Trampelpfad entlang der Walluf

Die schmalen Kluften im Hochgebirge gehören zu den beliebtesten Ausflugszielen in den Alpen: Partnachklamm, Breitachklamm, Höllentalklamm und viele andere locken jährlich Millionen Wanderer. Ganz so spektakulär ist die Wallufer Klamm nicht, aber sie ist einer der schönsten und geschichtsträchtigsten von einem kleinen Bach geformten Einschnitte im Rheingau.

Der Einstieg beginnt am 1922 errichteten und von der Hauptstraße bereits gut zu sehenden Eisenbahn-Viadukt. Durch die riesigen Brückenbogen verläuft links die Haselnußgasse. An einem um 1300 gebauten ehemaligen Rittergut – später nach den Besitzern als Köth'scher Hof und Schlief's Hof bezeichnet – und an der heutigen Kindertagesstätte »Paradies« entlang verläuft der immer schmaler werdende Weg. Schon bald ist man in einem naturbelassenen Waldstück angelangt und läuft die Strecke nach Oberwalluf über Wurzeln und Blätter. Nebenan hört man die Walluf, je nach Wasserstand als leichtes Plätschern oder mit der Kraft eines reißenden Baches.

Zweimal überquert der Trampelpfad den Bach. Die auch als solche bezeichneten Wallufbrücken sollen Bestandteil der Auflagen für den Köth'schen Hof gewesen sein und wurden etwa 1850 gebaut. Die sehr massiv wirkenden, mit Bruchsteinen errichteten Bauwerke sehen aus, als wären sie ein Teil des ganz in der Nähe durch eine Bruchsteinmauer noch sichtbaren Gebücks gewesen.

Die romantische Strecke endet nach rund einem halben Kilometer über Wiesen hinweg und an Schrebergärten vorbei vor den ersten Oberwallufer Wohnhäusern. Teilweise ist der Weg durch die Wallufer Klamm mit dem »Mühlenwanderweg Walluftal« identisch, der allerdings vom Bach weg- und zur Mühlstraße hinführt. Dort sind die Bug-Mühle und die Kirchnermühle zu sehen und ganz versteckt die für die Öffentlichkeit nur als Mietlocation zugängige »Mühle der schönen Künste« – die wohl schönste und am besten erhaltene Mühlanlage in Walluf.

Adresse Einstieg auf Höhe des Weingutes Mehl, Haselnußgasse 6, 65396 Walluf | **ÖPNV** ab Wiesbaden oder Rüdesheim Bus 171 bis Haltestelle Walluf Werftstraße oder Kirchgasse, oder RheingauLinie bis Bahnhof Walluf, 200 Meter Fußweg an der Bahnlinie entlang | **Anfahrt** B 42, Abfahrt Frauenstein, Walluf, dann der Hauptstraße durch den Ort folgen bis zur Haselnußgasse | **Öffnungszeiten** durchgehend | **Tipp** Nach der zweiten Steinbrücke benötigt man gutes Schuhwerk und einen sicheren Tritt, um einen schmalen, steilen Pfad links hochzusteigen. Der Anstieg lohnt sich: Nach rund 100 Metern spaziert man auf einem Wiesenweg an Bäumen und privaten Gärten vorbei bis zu einem riesigen Feld. Hier ist das Land plötzlich wieder weit und hell.

100___Die Schwabbel

Hausboot für alle

Aus dem Fenster schweift der Blick über den Rhein. Ein Ausflugs-
dampfer aus Köln oder Düsseldorf fährt vorbei und schlägt hohe Wel-
len, die gegen die Bordwand »schwabbeln«. Diese Wasserbewegungen
des Rheins – nicht etwa Bäuche oder Pudding – gaben dem Hausboot
des Wallufer Anglerclubs seinen Namen. Der Verein hatte es 1964 der
Stadt Mainz abgekauft. Nachdem er zwei Brände verkraften musste,
verpachtete er das Boot, um die Kassen wieder zu füllen.

Seit den 1970er Jahren war das im Sand feststeckende und nicht
mehr fahrtüchtige Schiff Vereinsheim, Cocktailmekka und türki-
sches Bistro; heute ist es Café, Bar und Eventlocation. Der Eltviller
Schreiner Rüdiger Retzel und der Wallufer Volkswirt Peter Willett,
der in der Entstehungsphase dieses Buchs tragischerweise bei einem
Verkehrsunfall ums Leben kam, enterten 2011 und investierten Tausende Arbeitsstunden und jede Menge Geld, um aus dem herunter-
gekommenen Zossen ein Prachtschiff zu machen. Es gibt kaum noch
etwas, was nicht erneuert, von Grund auf saniert oder mindestens
abgeschliffen und gestrichen wurde. Seit 2014 läuft man nun wieder über Schiffsplanken, schaut aus Bullaugen und auf Anker, Taue
und maritime Farben. Aus der Kombüse kommen kleine Speisen,
zum Beispiel Flammkuchen oder eine Käseplatte, am Nachmittag
gibt's Kuchen. Die Getränkekarte bietet Cocktails und alles, was der
Rheingau und die Kneipenwelt hergeben.

Nur ein paar Schritte vom Weinprobierstand entfernt liegt die
»Schwabbel« vor einem hübschen kleinen Park mit einem Ehrenmal
für die Gefallenen und vielen Bänken. Dort ist ein idyllischer Bier-
garten entstanden. Auf dem Sand unterhalb des Stegs, über den man
leicht schwankend ins Boot gelangt, liegen die Sonnenanbeter. Einzig die Industrieanlagen von Budenheim auf der anderen Rheinseite
stören die Idylle, aber das ist in Walluf überall so. Mit einem Augenzwinkern nennen die Betreiber das Hausboot »das tollste Restau-
rantschiff in ganz Niederwalluf«.

Adresse Rheinufer an der Rheinallee, 65396 Walluf, Tel. 0173/5617183 | **ÖPNV** RheingauLinie bis Bahnhof Walluf, 500 Meter Fußweg, oder Bus 171 bis Haltestelle Kirchgasse, 300 Meter Fußweg | **Anfahrt** A 66, Abfahrt Walluf, in Walluf an der ersten Ampel links zum Rheinufer | **Öffnungszeiten** Mo, Mi – Sa ab 18 Uhr, So ab 9.30 Uhr | **Tipp** Je nach Jahreszeit liegen im benachbarten Hafen des Rheingauer Segelclubs mehr oder weniger viele Yachten und Motorboote. Das Clubrestaurant hat regelmäßig geöffnet und bedient auch Nichtmitglieder.

101 Die Engel-Scheune

Hier wird der Teufel ausgetrieben

In Wicker geht man zum »Engel«, obwohl es den eigentlich schon lange nicht mehr gibt. Das historische Gasthaus wurde 1907 geschlossen, in der hübschen Scheune trifft man sich dennoch beim Hof- und Scheunenfest zu Wein und Brotzeit – jetzt beim »Anthes«. An den Wänden alte Winzerwerkzeuge, Fassböden, Bilder und Kreuze. Die Holzstühle und Bänke sind einfach und stehen um große Tische herum. Heizpilze wärmen die Gäste zwischen den Steinmauern.

Die Hofreite ist das Zentrum der Wickerer Geschichte. Der Torbau und das Wohnhaus wurden bereits 1585 als Gasthaus »Engel« errichtet. Am 14. April 1610 sollen vor allem Schießübungen hinter der Scheune für eine Brandkatastrophe gesorgt haben, die fast das gesamte Dorf einäscherte und einen tiefen Einschnitt für die Dorfgeschichte bedeutete. 1806 bis 1808 hat ein Sohn des Hauses keine Lust, im Kampf gegen Napoleon sein Leben zu riskieren. Er simuliert eine Geisteskrankheit, die wohl so überzeugend dargestellt wurde, dass sogar die Mediziner ihn ausmusterten. Allerdings wurde auch die Kirche aufmerksam und rückte an. Umringt von vielen Schaulustigen fand dann eine Teufelsaustreibung beim »Kriegsdienstverweigerer« Johann Adam Weilbächer statt. Geholfen hat auch das nichts, der »Drückeberger« blieb den Schlachtfeldern fern.

Der heutige Inhaber Marcel Anthes plaudert gerne von den alten Zeiten der Hofreite und des Dorfes. Er engagiert sich für die Pflege der Traditionen und der Heimatgeschichte. Und er sammelt Engel und Heiligenfiguren – aus Gips. Einer der Engel steht in der Scheune. Die anderen füllen zur Freude der Familie einen Teil des Hauses. Die Sammlung ist etwas Besonderes, wird teilweise an Prozessionen gezeigt und wartet auf ein Heimatmuseum im Flörsheimer Stadtteil Wicker. Dann könnten alle sie sehen und nicht nur die Interessierten, die beim »Anthes« wie einst im »Engel« zu Besuch sind.

Adresse Vorderstraße 11, 65439 Wicker, Tel. 06145/52791 | **ÖPNV** S 1 von Frankfurt oder Wiesbaden bis Bahnhof Flörsheim, dann Bus 817 oder 819 von Flörsheim bis Haltestelle Wicker Flörsheimer Straße; von dort zu Fuß bis Dorfmitte, am Kreisel links in die Kirschgartenstraße, nach 250 Metern rechts in die Taunusstraße und wieder rechts in die Vorderstraße | **Anfahrt** A 671 von Wiesbaden, Abfahrt Hochheim am Main-Nord, weiter auf B 40 bis Wicker, am Ortseingang links in die Rathausstraße und geradeaus weiter in die Vorderstraße | **Öffnungszeiten** von außen immer zu besichtigen, Hof- und Scheunenfeste rund um Christi Himmelfahrt, Pfingsten und im September – Oktober | **Tipp** Auf dem Weg zum »Anthes« stehen rund 50 Meter zuvor in der Taunusstraße das »Tor zum Rheingau« und dahinter der Wickerer Weinprobierstand.

102 — Der Steinweg
Auf Wegen wandern, die Geschichte(n) erzählen

In Wicker steht das Tor zum Rheingau. Direkt daneben der örtliche Weinprobierstand. Die Einwohner nehmen ihre Rolle ernst und zeigen stolz, dass sie ein Teil, ja sogar der Startpunkt des bekannten Weinbaugebiets sind. Wenn man sich den nicht sehr alten und beinahe zerbrechlich wirkenden Torbogen anschaut, könnte man ein klein wenig enttäuscht sein. Ist das schon alles? Hier beginnt also die Region, in der die Spätlese erfunden wurde? In der Karl der Große die frühe Schneeschmelze sah und befahl, Wein anzubauen? In der die teuersten und – wie die Rheingauer selbst sagen – auch die besten Rieslinge der Welt wachsen?

Von Wicker führt ein Weg nach Hochheim am Main, der nächsten Station der Rheingauroute. Er heißt Steinweg, und wenn man sich ein paar Meter von der Hauptstraße auf diesen kleinen Pfad begibt, verweilt und zurückdenkt, dann versteht man, dass Wicker tatsächlich das Tor zum Rheingau ist. Eine uralte Mauer rechts und links grenzt den grasigen Weg von den Weinbergen ab. Jeder Stein hat Charakter, trägt die Last des über ihm liegenden – und die Last jahrhundertealter Geschichte. Hier kann man sich Römer in Uniform vorstellen. Hier sieht man mit geschlossenen Augen Fässer rollen. Und hier spürt man, dass etwas Großes am Ziel sein muss.

Der Rheingau hat viele solcher Wege. Auf dem Eltviller Baiken gibt es einen denkmalgeschützten, gepflasterten Weinbergsweg. Vom Kloster Eberbach bis zum Oestricher Kran verlaufen Wege, auf denen Mönche Weinfässer zu den Schiffen brachten. Der Leinpfad am Rheinufer gehört ebenso dazu. Doch keiner dieser Wege regt die Phantasie so an wie der Steinweg. Heute endet er bereits nach wenigen hundert Metern, ein Gartengrundstück unterbricht den geraden Pfad. Dennoch kann man von Wicker mit ein paar Abzweigungen wunderbar bis nach Hochheim spazieren und unterwegs noch ein wenig im Anblick des Rheingaus schwelgen, der vor einem liegt.

Adresse Am Steinweg, 65439 Wicker | **ÖPNV** S 1 von Frankfurt oder Wiesbaden bis Bahnhof Flörsheim, dann Bus 817 oder 819 von Flörsheim bis Haltestelle Wicker Flörsheimer Straße; von dort zu Fuß bis Dorfmitte, am Kreisel links in die Kirschgartenstraße und nach 400 Metern geradeaus in den Steinweg | **Anfahrt** A 671 von Wiesbaden bis Abfahrt Hochheim am Main-Nord, weiter auf B 40 bis Wicker, nach dem Ortsschild startet der Steinweg gleich vor der Straße Am Steinweg rechts | **Öffnungszeiten** durchgehend, im Dunkeln nicht beleuchtet | **Tipp** Vom Steinweg geht's zu Fuß 3,5 Kilometer auf unterschiedlichen Wegen mit Sicht auf die Frankfurter Skyline nach Süden zum Chamäleon-Beach mit allerlei Freizeitangeboten wie Crosskart, Badminton oder Family Golf.

103__Das Brentanohaus

»Fack ju Göhte«, es lebe der Müßiggang

Mal unter uns: Der größte deutsche Dichter Johann Wolfgang von Goethe war kein einfacher Mensch. Seine Kunst verschaffte ihm Zutritt in höchste Kreise und ließ ihn wohl auch ein wenig steif, kalt und arrogant werden, wie ihn Rüdiger Safranski in seiner Goethe-Biografie beschrieb. Im Rheingau bewies der Dichterfürst vor allem, dass er – laut seiner Gastgeberin Bettina von Brentano – ganz »fürchterlich viel« trinken konnte und kaum weniger aß. 200 Jahre nach seinen Besuchen in Winkel, im Haus der Frankfurter Familie Brentano, ist Goethe allerdings eher ein Klotz am Bein: Die Erhaltung seiner Besuchsstätte ist eine aufwendige und teure Angelegenheit für die Besitzer.

Das Haus hatten die Brentanos 1804 erworben und verzweifelt versucht, es zu halten. Am Ende war das bis ins kleinste Detail erhaltene »Goethe-Zimmer« nicht das einzige, was »fürchterlich« alt war. Auch der Zustand der restlichen 17 Zimmer und des Gartens ließ keine Zweifel aufkommen: Hier muss etwas geschehen – und es geschah etwas. Udo und Angela von Brentano verkauften das Haus an das Land Hessen. Öffentliches Interesse wurde diagnostiziert, die öffentliche Hand legte selbige an und renovierte umfassend. Die Erinnerungsstätte, in der neben Goethe auch die Gebrüder Grimm, Freiherr vom Stein und Achim von Arnim zu Gast waren, war gerettet.

Das Gebäude hört immer noch auf den Namen »Brentanohaus«, Führungen gibt es aber nur an einigen Samstagen im Jahr. Im Mittelpunkt steht nun wieder das, was Goethe selbst am meisten schätzte: Speis und Trank. Das renommierte Weingut Allendorf pachtete Gasträume und Garten, schenkt die eigenen Gewächse aus und serviert regionale und mediterrane Küche. Es riecht frisch und lecker, und im Garten spürt man einen Hauch der Rheinromantik, die hier einst auch den größten deutschen Dichter begeistert haben muss – auch wenn er es wohl nur ungern zugab.

Adresse Am Lindenplatz 2, 65375 Winkel, Tel. 06723/2068, www.brentano.de | **ÖPNV** ab Wiesbaden oder Rüdesheim Bus 171 bis Haltestelle Winkel Brentanohaus | **Anfahrt** B 42, zweite Abfahrt Winkel, dann rechts, 200 Meter die Hauptstraße entlang bis zum Lindenplatz | **Öffnungszeiten** Gutsausschank Mo, Do, Fr ab 17 Uhr, Sa, So und feiertags ab 12 Uhr | **Tipp** Auf der anderen Straßenseite steht die »Brentanoscheune«, die aus einer früheren Gerberei entstand und heute als Kulturbühne dient.

104__»Cornel's Bistro«
Ökologisch-regionale Alternative

Es gibt einen Trend zu Ökologischem und Regionalem. Solange dies bezahlbar ist und keine zu großen Umstände macht, vergrößert sich die Anhängerschaft stetig. So mehren sich auch im Rheingau Bio-Winzer, Städte und Gemeinden mit »Fair Trade«-Zertifikat und Restaurants mit Bio- oder veganen Gerichten. Wer es einfach haben möchte, geht zu Cornel.

Zu dem nach dem Inhaber benannten Bistro gelangt man von zwei Seiten: An der Hauptstraße geht es über vier Stufen zur gläsernen Ladentür, rechts und links davon Schaufenster, dahinter Barhocker an der Scheibe und Regale an den Wänden. Vom Rhein aus schlendern die Gäste durch einen kleinen Weinberg in den einfachen, aber hübsch bestuhlten und ansprechend bepflanzten Hof und die mit einem Holzofen bestückte Scheune.

Im Inneren überraschen die vielen Tische und Sitzmöglichkeiten. Steh- und Wandregale mit Bio-Lebensmitteln, Büchern und allerlei Zusammengetragenem füllen den Raum, dazu eine Theke und dahinter die offene Küche. Weiter hinten ein weiterer Esstisch, in Regalen drum herum eine Auswahl an Bioweinen. Bistro? Biomarkt? Die Antwort lautet »Bio-Bistro«, und weiter oben im Haus werden über Airbnb ein paar hübsche Zimmer zur Miete angeboten.

Wer die Lebensläufe von Cornel und Marion Frey anschaut, versteht, warum das Auge hier überall Freude hat. Er ist Designer, sie Stylistin, beide mit hinreichend Erfahrung und erwähnenswerten Stationen. Dabei wirkt nichts »durchdesignt«, sondern mit gereifter Gelassenheit zusammengestellt. Auf der Speisekarte geht es ähnlich zu. Das Motto: Gute Lebensmittel mit guter Küche verbinden. Alles vegetarisch? Weit gefehlt: Beim BBQ gibt es Biofleisch satt, das mit regionalen und nachhaltig produzierten Zutaten ergänzt wird. Außerdem Erinnerungen an Mutters Küche wie der lauwarme Kartoffelsalat mit Spiegelei. Empfehlenswert ist auch das Brunch-Büfett am Wochenende.

Adresse Hauptstraße 37, 65375 Winkel, Tel. 06723/8049993, www.cornel-s.de | **ÖPNV** ab Wiesbaden oder Rüdesheim Bus 171 bis Haltestelle Winkel Graugasse oder Schwarz-gasse | **Anfahrt** B 42, Abfahrt Winkel/Johannisberg, gleich links in den Rheinweg, dort parken und durch die alte Mauer in den Weinberg laufen | **Öffnungszeiten** April–Mitte Okt. Fr 17–22 Uhr, Sa, So und feiertags 9–22 Uhr; Mitte Okt.–März Sa, So und feiertags 9–14 Uhr | **Tipp** Schräg gegenüber in der Hauptstraße 60 öffnet das für seine Bioweine s eit 25 Jahren bekannte Weingut Hamm den Gutsausschank mittwochs bis freitags ab 18 Uhr, am Wochenende ab 12 Uhr.

105 — Der »Hasensprung«

Kein Ärger mit den Nachbarn

Berlin. Im wohlhabenden Stadtviertel Grunewald verbindet der Hasensprung die Winkler Straße mit der Königsallee. Der gepflasterte Weg inklusive einer Brücke dient als Abkürzung über den Dianasee. 580 Kilometer entfernt, Winkel. Hasen springen durch die Weinbergszeilen der Weingüter Wegeler. Die Rieslinge der Großen Lage Hasensprung sind aufgrund des hohen Alters der Weinberge besonders kraftvoll. Nicht selten wird Exotisches wie Kiwi oder Stachelbeere herausgeschmeckt.

Noch mal Winkel. Statt Exotik regiert Wohnzimmeratmosphäre. Die Winkeler Kneipe »Hasensprung« hat schon nach wenigen Jahren Kultstatus erreicht. Außen Motorradclub, traditionalistisch bis verkommen, innen kneipiös, kuschelig und urgemütlich. Felle über der Sitzbank und gestrickte Kissenbezüge. Geradlinige Holztische mit ebensolchen Stühlen. Gerahmte, engmaschige Bildergalerien an den Wänden. Bibliotheken-Ecke mit breiten, abgewetzten Ledersesseln. Es gibt was zu trinken. Wein trocken oder feinherb, Bier gezapft und eine Auswahl aus der Flasche. Whisky, Schnäpse, Cocktails und Longdrinks, Alkoholfreies – und Heißes gibt es auch. Manchmal mit, meistens ohne Gast-DJ.

Thomas Denzinger hat sich in Winkel die »Edeltränke seiner Wahl« gebaut. »Hereinspaziert in unseren Streichelzoo«, begrüßt er mit seiner Julia die Gäste stets mit einem Augenzwinkern. Der Hase regiert, und das soll vor allem Spaß machen. Der Wirt des Rheingauer Kneipenjuwels erklärt am besten selbst, was seinen Hasensprung ausmacht: »Der Hase liebt gute Musik. Der Hase mag die gute alte Zeit. Der Hase liebt es echt. Der Hase liebt Ecken und Kanten. Der Hase mag es gesellig. Der Hase liebt Frohsinn und Trubel. Der Hase mag treue Freunde. Der Hase liebt faire Preise. Und der Hase mag keinen Ärger mit den Nachbarn.« Kurzum: Der Hase verbindet alle Rheingauer abseits der Königsallee und abseits der Großen Lagen.

Adresse Johannisberger Straße 26, 65375 Winkel, Tel. 06723/3368 | **ÖPNV** ab Wiesbaden oder Rüdesheim Bus 171 bis Haltestelle Winkel Brentanohaus, von dort 400 Meter Fußweg unter der Bahnlinie hindurch und rechts ab in die Adalbert-Stifter-Straße | **Anfahrt** B 42, Abfahrt Winkel/Johannisberg, dann in Richtung Johannisberg bis rechts zur Adalbert-Stifter-Straße, dort hinein und Sie stoßen direkt auf den »Hasensprung« | **Öffnungszeiten** Mo–Sa 18–1 Uhr | **Tipp** Sie wollten schon immer mal vor dem Hollywood-Schild fotografiert werden, haben es aber aufgrund der Entfernung bislang gelassen? Kein Problem: Machen Sie das Bild in den Winkeler Weinbergen. Dort steht der Schriftzug »Hasensprung« am Winkeler Ortsausgang nach Johannisberg unweit der Schillerstraße.

106 Die Kinder- und Jugendfarm

Matschen, spielen, Ordnung halten

In Israel lebt man im Kibbuz, Hippies gestalteten die Welt bunter, und in Winkel findet man eine bunte Kommune am Elsterbach. Na ja, die Vergleiche hinken schon ein wenig, aber ein Hauch von Basisdemokratie und Freiheit ist in dem 2004 angelegten Camp für Kinder und Jugendliche schon zu spüren.

2003 hatten einige Eltern die Idee, brachten ihr Anliegen vor, gründeten einen Verein, unterschrieben einen Pachtvertrag und starteten schließlich am 1. März 2005 mit dem offenen Betrieb. Mit einem Freudenfeuer auf dem Gelände wurde der Start gefeiert, und dieses Feuer brennt bis heute am Bachufer des Elsterbaches. 150 Familien unterstützen den Verein, helfen bei der Finanzierung, dem Bau neuer Attraktionen oder der Reparatur von vorhandenen Einrichtungen. Ein bunt bemalter Bauwagen ist so etwas wie das »Haupthaus«. Drum herum wurden zeitweise Hühner, Meerschweinchen und Kaninchen gehalten und gepflegt. Gemüse und Obstbäume wurden gepflanzt.

Jedes Schulkind aus der Stadt und der Umgebung ist willkommen. Und jeder darf – ganz basisdemokratisch – Veränderungsvorschläge machen, Werkzeug ausleihen, matschen, spielen und Staudämme bauen, am Feuer sitzen, den Barfußweg begehen, Brennnesseln und Unkraut rausreißen, auf der Spielwiese mit zwei Toren toben, Früchte ernten und einen entspannten Nachmittag auf der Farm verbringen. Jedes Kind entscheidet alleine, was es machen möchte. Doch neben den Rechten gibt es auch Pflichten. Die Farmregeln gebieten, Ordnung zu halten, den Müll mit nach Hause zu nehmen und sorgsam mit Pflanzen und Tieren umzugehen. Seit über zehn Jahren motiviert das alle so sehr, dass neben dem »normalen« Betrieb auch Gottesdienste, Flohmärkte, Feuerwehrtage, Grillfeste oder Brotbacken organisiert werden. Der von alten Bäumen gesäumte Elsterbach ist dabei die »Lebensader« und wird von »Wassergeistern« bewacht.

Adresse am Elsterbach, direkt neben dem Malteser Hilfsdienst, Adalbert-Stifter-Straße 15, 65375 Winkel | **ÖPNV** von Wiesbaden oder Rüdesheim mit Bus 171 bis Haltestelle Winkel Brentanohaus, dann unter der Bahnlinie hindurch und weiter wie bei Anfahrt beschrieben | **Anfahrt** B 42, zweite Abfahrt Winkel, dann rechts in Richtung Johannisberg; rund 100 Meter nach der Bahnunterführung links weitere 200 Meter in die Adalbert-Stifter-Straße hinein | **Öffnungszeiten** März – Nov. Di – Fr 15 – 18 Uhr, Sa 11 – 15 Uhr; in den Ferien unterschiedliche Öffnungszeiten | **Tipp** Nebenan stärkt man sich nach dem Besuch der Farm in der »Krayers Mühle«, in der ein Weingut und ein Gutsausschank untergebracht sind.

107 __ Die private Fachwerk-Straußwirtschaft

Wem er nicht schmeckt, der muss leiden

Ein Rheingauer Winzer hat gefälligst handfest und rustikal zu sein. So will es der Volksmund, und so sagt man es dem Gastgeber der einzigen Straußwirtschaft im Rheingau nach, in der nur ein Wein aus dem einzigen Weinberg im »Vorgarten« des Wohnhauses auf den Tisch kommt. Eine Schiefertafel auf dem Anwesen bestätigt die Monokultur und warnt, dass »nur oa Sort« ins Glas geschenkt wird. »Wem der nit schmeckt, muss leide.« Uwe Bönnhoff eilen seine Geschichten voraus, über Jahre verfeinert und mit allerlei »Rieslinggarn aufgepeppelt«. Doch wie im Wein liegen ja bekanntlich auch im Klatsch und Tratsch ein paar Wahrheiten.

Von der Fähre aus Ingelheim aus strahlt das von einer alten Steinmauer umsäumte weiße Fachwerkhaus aus dem Jahr 1677 schon von Weitem. Das rostige Tor am Eingang in der Oberen Schwemmbach hat antiken Charme, und im Innenhof der Hofanlage laden massive Holztische zum Warten und Biergarnituren zum Platznehmen ein. Der Gastgeber begrüßt meist höchstpersönlich, geht durch ein verglastes Tor voran in den überdachten und mit Teppichen ausgelegten Wintergarten. Dort hängt ein Sammelsurium – Trödel aus der Heimat, Schilder aus der ganzen Welt –, einzeln betrachtet eher Fragen aufwerfend, im Ganzen ein weiteres i-Tüpfelchen in dem urigen Lokal.

Es gibt den einen einzigen Schoppen und Traubensaft, Wasser oder Hefeschnaps gegen den Durst und verschiedene Portionen Hausgemachtes, Tomaten- oder Schinkenbrot, Handkäse oder am einfachsten »fun jedem ebbes«. Wer die Rheingauer Karte nicht lesen kann, darf umdrehen und bekommt das Angebot der einseitigen, eingeschweißten Karte auch auf Hochdeutsch. Bei der Zubereitung und dem Service helfen die Töchter während der Sommerferien ihrem Vater. Dass die meisten Gäste nur der Töchter wegen kommen, ist nicht bewiesen – aber wer kennt schon die ganze Wahrheit?

Adresse Untere Schwemmbach 8, 65375 Winkel, Tel. 06723/4103 | **ÖPNV** ab Wiesbaden oder Rüdesheim Bus 171 bis Haltestelle Mittelheim Basilika (450 Meter Fußweg), oder RheingauLinie bis Bahnhof Oestrich-Winkel, 850 Meter Fußweg | **Anfahrt** B 42, Abfahrt Mittelheim / Fähre, den Rheinweg bis Untere Schwemmbach rechts | **Öffnungszeiten** nur in den Sommerferien, »werkdaachs um 4, sunndaachs um 3« | **Tipp** Um die Ecke können Sie die älteste Rheingauer Pfarrkirche des heiligen Aegidius besichtigen, die als »Mittelheimer Basilika« bekannt ist.

108__ Der Probeck'sche Hof

Alles unter einem Dach

Bis in die 1970er Jahre stand hier ein kleines Schlösschen mit Gesindehaus und Scheune am Rheinufer. Es verfiel, drohte einzustürzen und wurde schließlich abgerissen. Graf Moritz Freiherr von Brabeck soll hier seiner Kunst nachgegangen sein, und ihm verdankt die Hofanlage wohl auch ihren Namen. Das unter Denkmalschutz stehende Ensemble wurde bis 2001 aufwendig restauriert und zu Wohn- und Büroflächen umgebaut. Wer das Grundstück schon länger kannte, war überrascht, wie hübsch die freigelegte Fachwerkfront strahlte und wie viel Raum der parkähnliche Vorplatz offenbarte.

Das Ziel der Architekten war die Schaffung offener Arbeitsflächen. Zu Beginn nutzten die Planer die Büros selbst, nun befindet sich hier die erste Adresse für Gäste sowie Gastgeber im Rheingau. In einem einzigen Gebäude haben sich der Rheingauer Kultur- und Tourismusverband, der Rheingauer Weinbauverband, die Rheingauer Weinwerbung und das Regionalmanagement für die Förderung der Region vereint. Die Kommunikation geht nun auf Zuruf, und Interessenten finden alle Anlaufstellen unter einem Dach. Hier gibt es Informationen zum, vom und über den Rheingau. Hier finden Seminare, Workshops und Sitzungen statt. Und hier werden beliebte Rheingauer Veranstaltungen wie die Schlemmerwochen koordiniert.

Hinter den grauen, historischen Mauern ist die Suche nach einer Dachmarke, nach einer gemeinsamen Identifikation der Region in vollem Gange. Zu oft wird man noch mit der anderen Rheinseite, mit Rheinhessen, verwechselt. Dabei ist es eigentlich ganz einfach: Der Rheingauer Riesling ist weltweit bekannt und beliebt. Die Rheingauer Landschaft zwischen Taunusbergen und Fluss aufgrund der Südhänge einmalig und die Fülle von Kulturdenkmälern auf engstem Raum unerreicht. Was man alles machen kann, zeigen Winzer, Gastgeber, Veranstalter und die Natur selbst. Wer mehr wissen möchte, fragt im Probeck'schen Hof nach.

Adresse Rheinweg 30, 65375 Winkel, Tel. 06723/602720, www.kulturland-rheingau.de |
ÖPNV ab Wiesbaden oder Rüdesheim Bus 171 bis Haltestelle Winkel Brentanohaus,
100 Meter Fußweg bergab Richtung Rhein | **Anfahrt** B 42, Abfahrt Winkel/Johannis-
berg, dann gleich wieder links in den Rheinweg, nach 500 Metern geht es rechts in den
Probeck'schen Hof | **Öffnungszeiten** Mo–Do 8–16 Uhr, Fr 8–12 Uhr | **Tipp** Gleich
nebenan in Christof Raths »Haus am Strom« gibt es zwölf Schnitzelvariationen und eine
wunderbare Terrasse mit Rheinblick.

109__Die Villa Gutenberg

Ein Hauch von Weltausstellung

Was verbindet Paris mit dem Rheingau? Genau, die Weltausstellungen! Oder genauer gesagt: die eingereichten Wettbewerbspläne für selbige. Aus einem dieser Pläne wurde 1889 der Eiffelturm realisiert. Einen anderen Plan reichte der deutsche Architekt Heinrich Plange ein und erhielt dafür 1900 einen ersten Preis. Der Johannisberger Druckereimaschinen-Fabrikant Kommerzienrat Krayer erwarb diese Pläne und beauftragte den Geisenheimer Architekten Georg Hartmann mit dem Bau. Nach vier Jahren Planungs- und Bauzeit war das einzigartige Anwesen 1906 fertig und bekam – in Anlehnung an die gleichnamige Weinlage rund um den Standort und wahrscheinlich auch den ersten aller Drucker, Johannes Gutenberg – den Namen »Villa Gutenberg«.

Das malerisch vor Schloss Johannisberg liegende Jugendstilhaus regt schon beim Vorbeifahren die Phantasie seiner Betrachter an. Von der Bundesstraße 42 am Rheinufer aus schaut man auf die dunkle Fassade des frei stehenden, wie ein Hexenhaus asymmetrischen und mit einem Treppenturm versehenen Gebäudes. Für die einen ist es das schönste Haus im Rheingau, für die anderen ein Ort zum Gruseln. Letzteres liegt sicherlich nicht am Wein, der in den benachbarten Wirtschaftsgebäuden erzeugt wird. Und es liegt auch sicherlich nicht an dem schönen Park, der um das Gebäude herum entstanden ist und in Richtung Rheinufer mit Weinbergen bepflanzt wurde. Vielmehr liegt es an der Aura, die das Haus umgibt. Der berühmte Regisseur Alfred Hitchcock hätte seine Freude daran gehabt. Man stelle sich vor, seine Vögel hätten hier zum Angriff getrillert oder Norman Bates wäre als »Psycho« rund um das Haus geschlichen.

Tatsächlich wird heute zu angenehmeren Anlässen geöffnet: zum sommerlichen Gartenfest, zu den Schlemmerwochen und zur Weinprobe. 1975 kaufte die Winzerfamilie Nägler den gesamten Komplex, renovierte von Grund auf und zog 1985 in den ehemaligen Wettbewerbsgewinner von Paris ein.

Adresse Hauptstraße 157, 65375 Winkel, Tel. 06723/999580 | **ÖPNV** von Wiesbaden oder Rüdesheim Bus 171 bis Haltestelle Winkel Kapperweg | **Anfahrt** B 42, Abfahrt Winkel, über Goethestraße, dann links ab in Richtung Geisenheim, nach 700 Metern steht die Villa links | **Öffnungszeiten** Mo – Fr 9 – 12 und 13 – 17 Uhr; andere Zeiten nach telefonischer Absprache | **Tipp** Schräg gegenüber der Villa Gutenberg führt der Kapperweg über eine Brücke zu einem schönen Wanderweg mit Einkehrmöglichkeiten.

110__Die Weinerlebniswelt

Weil Emotionen den Geschmack beeinflussen

Ob ein Wein schmeckt oder nicht, entscheidet der Trinkende selbst. Hierfür lassen sich Winzer und Marketingagenturen immer wieder etwas Neues einfallen: Eine hochwertige Ausstattung mit einem schönen Etikett gibt dem Käufer ein gutes Gefühl, der Gaumen freut sich auf den Inhalt der Flasche. In manchen Vinotheken werden Licht, Musik und sogar Düfte auf den Weingenuss abgestimmt. Das Bild soll »rund« sein, der Genuss unvergesslich.

Familie Allendorf zeigt in ihrer Winkeler »Weinerlebniswelt«, welche Faktoren bei der Weinverköstigung eine Rolle spielen. In einem sogenannten Aromaweinberg lernen die Besucher alle möglichen Weinaromen kennen und riechen auch an unterschiedlichen Böden wie Lehm, Quarzit, Schiefer oder Humus. Diese Aromen versuchen die Teilnehmer im Wein zu erschmecken. Höhepunkt der Erlebniswelt ist die Verkostung vor einer Lichtinstallation. Abhängig von der gewählten Lichtfarbe schmeckt ein und derselbe Wein völlig unterschiedlich – für jeden Besucher, ohne eine Ausnahme.

Wir kennen das Phänomen auch aus dem Urlaub: Speisen und Getränke sind im Restaurant am Meer oder in den Bergen unfassbar lecker. Beim identischen Menü zu Hause – dummerweise mit vielen eingeladenen Freunden – glauben wir dann nicht, dass es tatsächlich die gleiche Flasche oder das gleiche Gewürz wie im Urlaub ist, welches wir gerade im Glas oder auf dem Teller haben. Atmosphäre, Stimmung und Erwartungshaltung beeinflussen uns, sagt der Psychologe. Doch was passiert, wenn man vorab gar nicht weiß, welchen Wein an welchem Ort man verkosten wird? Auf diese Frage suchen Winzer ab Sommer 2017 unter dem Titel »Weinproben an unbekannten Orten« (www.wauo.de) eine Antwort. Weingenießer bekommen erst kurz vor der Verkostung alle Details gesendet. An den für Proben bislang unbekannten Orten, wie zum Beispiel dem Keller des Weingutes Josef Laufer (Bild), darf man gespannt sein, wie der Wein dort schmeckt.

Adresse Weinerlebniswelt im Weingut Allendorf, Kirchstraße 69, 65375 Winkel | **ÖPNV** Bus 171 von Wiesbaden oder Rüdesheim, Haltestelle Brentanohaus, ab dort 1,2 Kilometer zu Fuß über Schillerstraße, rechts in die Greiffenclaustraße und links in die Kirchstraße | **Anfahrt** B 42, Abfahrt Winkel/Johannisberg, den Schildern in Richtung Johannisberg folgen, vor dem Ortsausgang Winkel rechts in die Greiffenclaustraße und nach rund 300 Metern links in die Kirchstraße | **Öffnungszeiten** Mo–Fr 8–12 und 13–18 Uhr, Sa 10–16 Uhr | **Tipp** Vom Weingut aus sind es nur 15 Minuten zu Fuß durch die Weinberge zum Schloss Vollrads mit Wasserschloss, Weingut und Restaurant.

111 Der Zehnthof
Unaufgeregte 400 Jahre Geschichte

Bevor man durch das Rundtor in den mit Reben und Blumendekorationen geschmückten Zehnthof schreitet, muss man die Straßenseite wechseln. Mit ein wenig Abstand wird die Größe und Schönheit des über 400 Jahre alten Fachwerkbaus deutlich. Beeindruckend symmetrisch und harmonisch in der Aufteilung. Oben verteilen sich 15 identische Fenster auf die gesamte Breite. Ein schmaler Fachwerk-Sockel trennt das erste Stockwerk vom holzfreien Erdgeschoss. Darüber ist aus der Ferne das gut erhaltene Schieferdach sichtbar.

Die Weingutsfamilie Ohlig hat seit 1892 ihren Sitz im Zehnthof. Zuvor wurden hier Steuern in Form von Naturalien für das Mainzer Erzbistum gesammelt. Auch heute bringen die Kunden noch einen Teil ihres Lohns mit, allerdings erhalten sie dafür Wein. Der Hof ist ruhig, keine Hoffeste oder Konzerte stören die Idylle. Genauso unaufgeregt ist die Familie. Das lieben die Kunden und nehmen etwa 80 Prozent der Gesamtmenge direkt ab Hof mit nach Hause.

Johannes Ohlig kümmert sich darum, dass dies so bleibt. Seit 2000 achtet er auf die Herkunft seiner Trauben und lässt ihnen Zeit und Raum für einen persönlichen Charakter. Vater Hans und Ehefrau Inga empfangen Kunden in zwei gerade kernsanierten Zimmern des Haupthauses – der neuen Vinothek. Im modernen Schankraum mit einer schweren Holztür gibt es kleine Proben. Nebenan finden die größeren Weinverkostungen am 24-Personen-Tisch unter einer wiederentdeckten Gewölbedecke statt. Zum Weinkeller geht es durch eine Glastür. Ein gutes Dutzend dunkler Holzfässer mit rotem Kranz prägt diesen romantischen Ort.

Schonend für Umwelt, Weine und Weingut werden im Kulturdenkmal Rieslinge, Weißburgunder und Spätburgunder ausgebaut. Sich selbst schont der Winkler Winzer nicht und tourt von Weinfest zu Weinfest. Dabei unbedingt den Wiesbadener Sternschnuppenmarkt nicht vergessen, denn bei Ohligs gibt es den kultverdächtigsten Glühwein.

Adresse Hauptstraße 68, 65375 Winkel, Tel. 06723/2012, www.weingut-ohlig.de | **ÖPNV** ab Wiesbaden oder Rüdesheim Bus 171 bis Haltestelle Winkel Schwarzgasse, ab dort zwei Blocks bis zur Graugasse | **Anfahrt** B 42, Abfahrt Mittelheim, Parkplätze am Rheinweg, dann zu Fuß die Graugasse hinauf direkt zum Eingang | **Öffnungszeiten** Mo–Fr 10–12 und 14–18 Uhr, Sa 10–16 Uhr | **Tipp** Durch den Nachbareingang geht es zu Thomas Fraund's Restaurant, in dem Zehnthofschänken-Klassiker zubereitet werden.

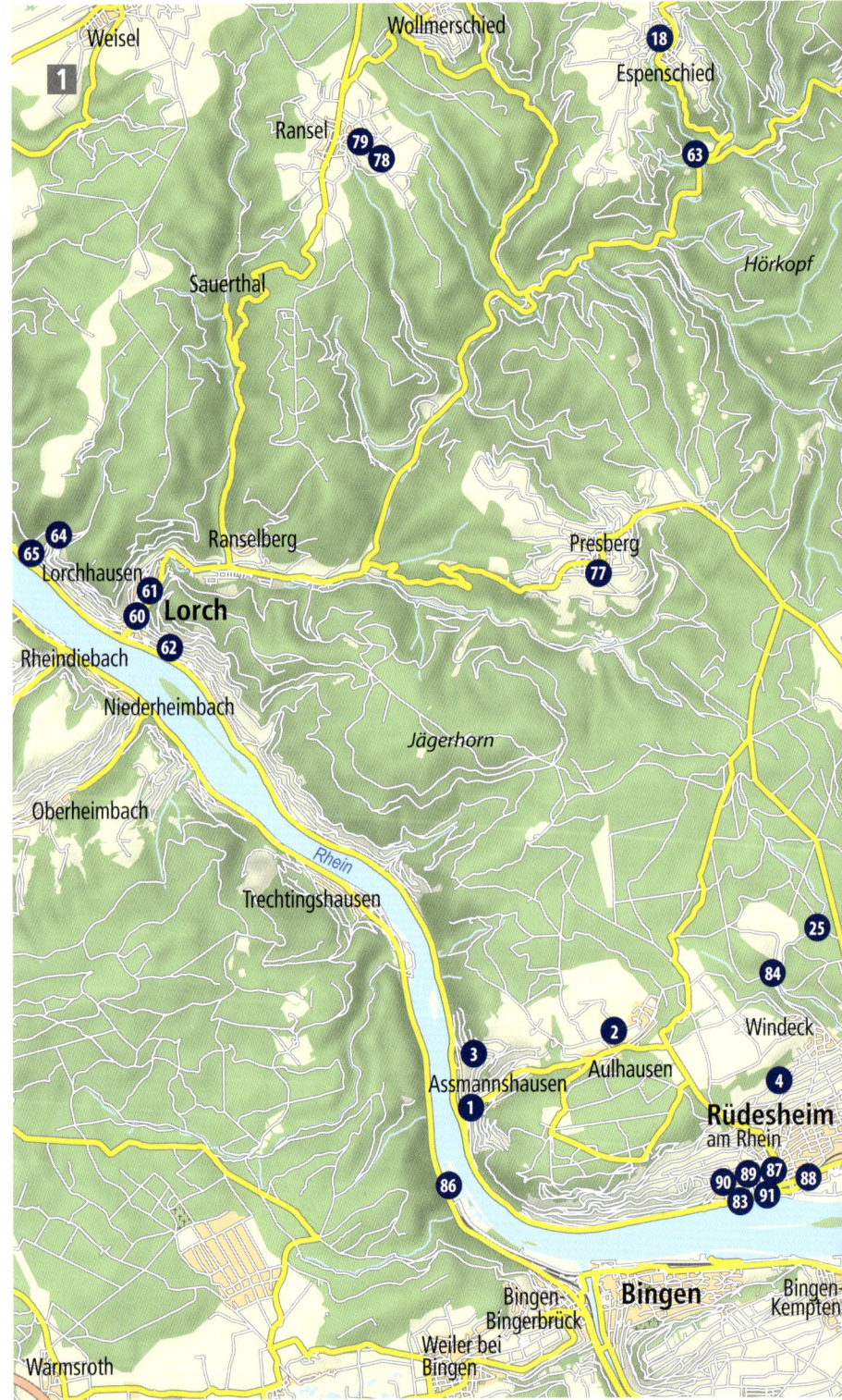

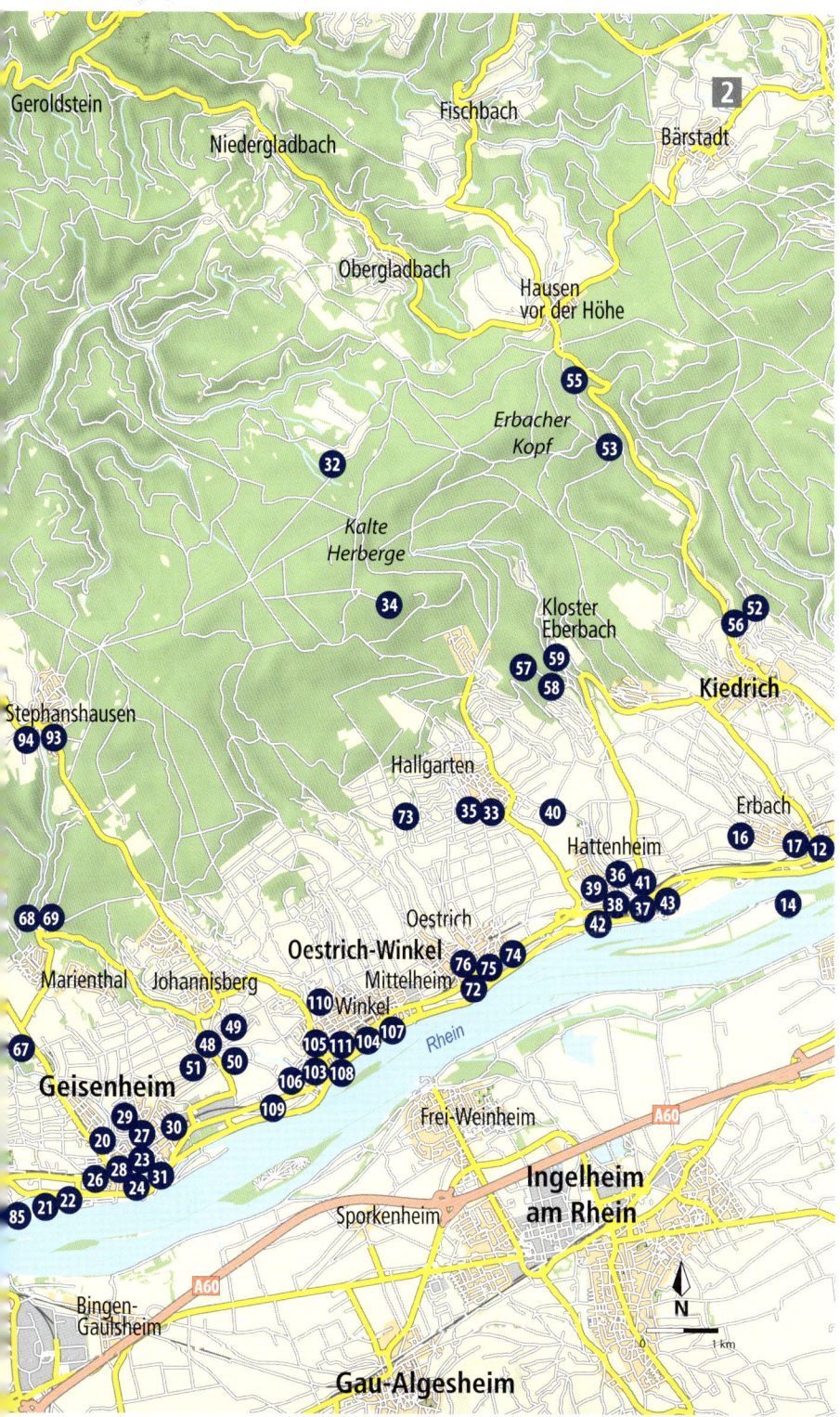

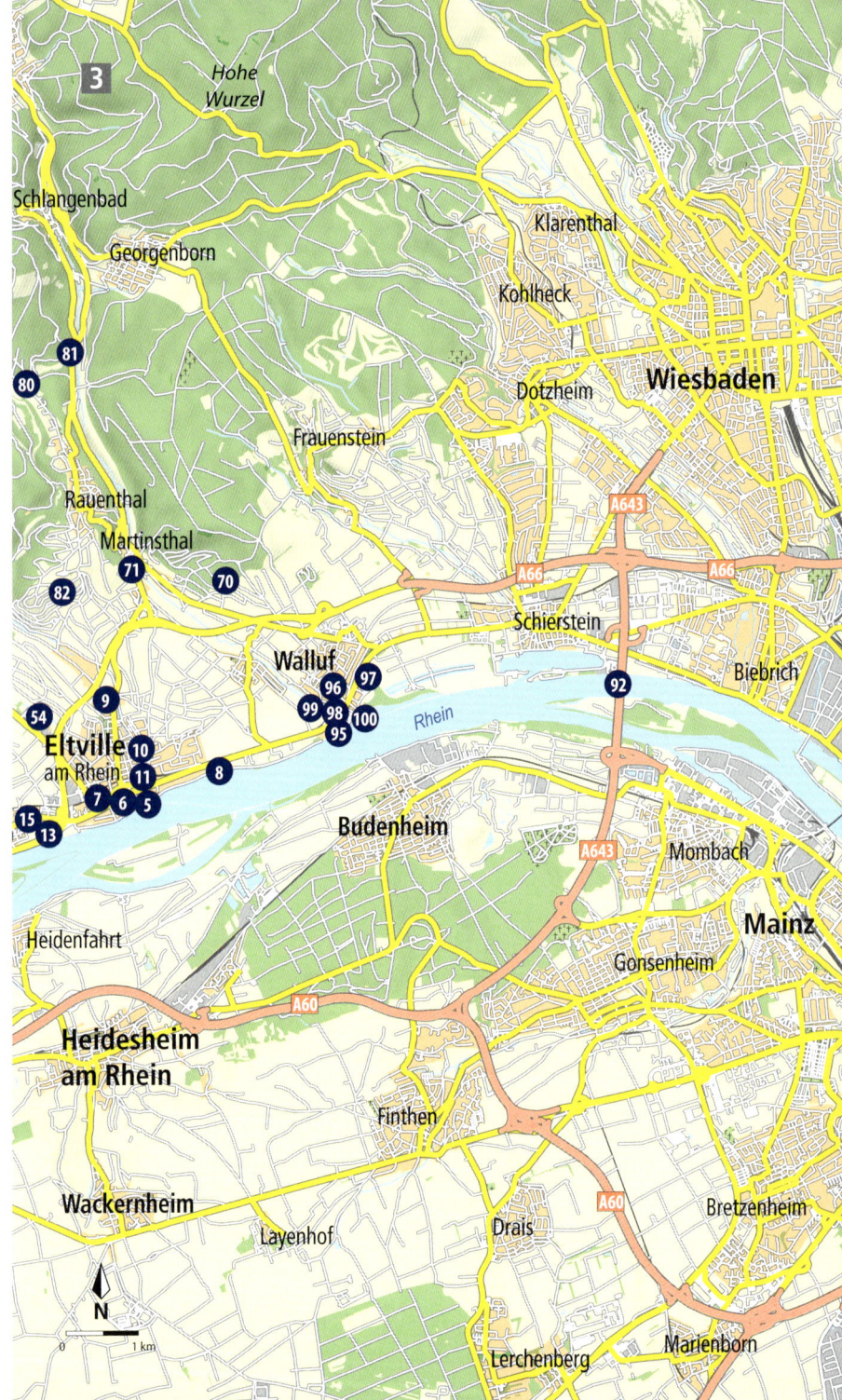

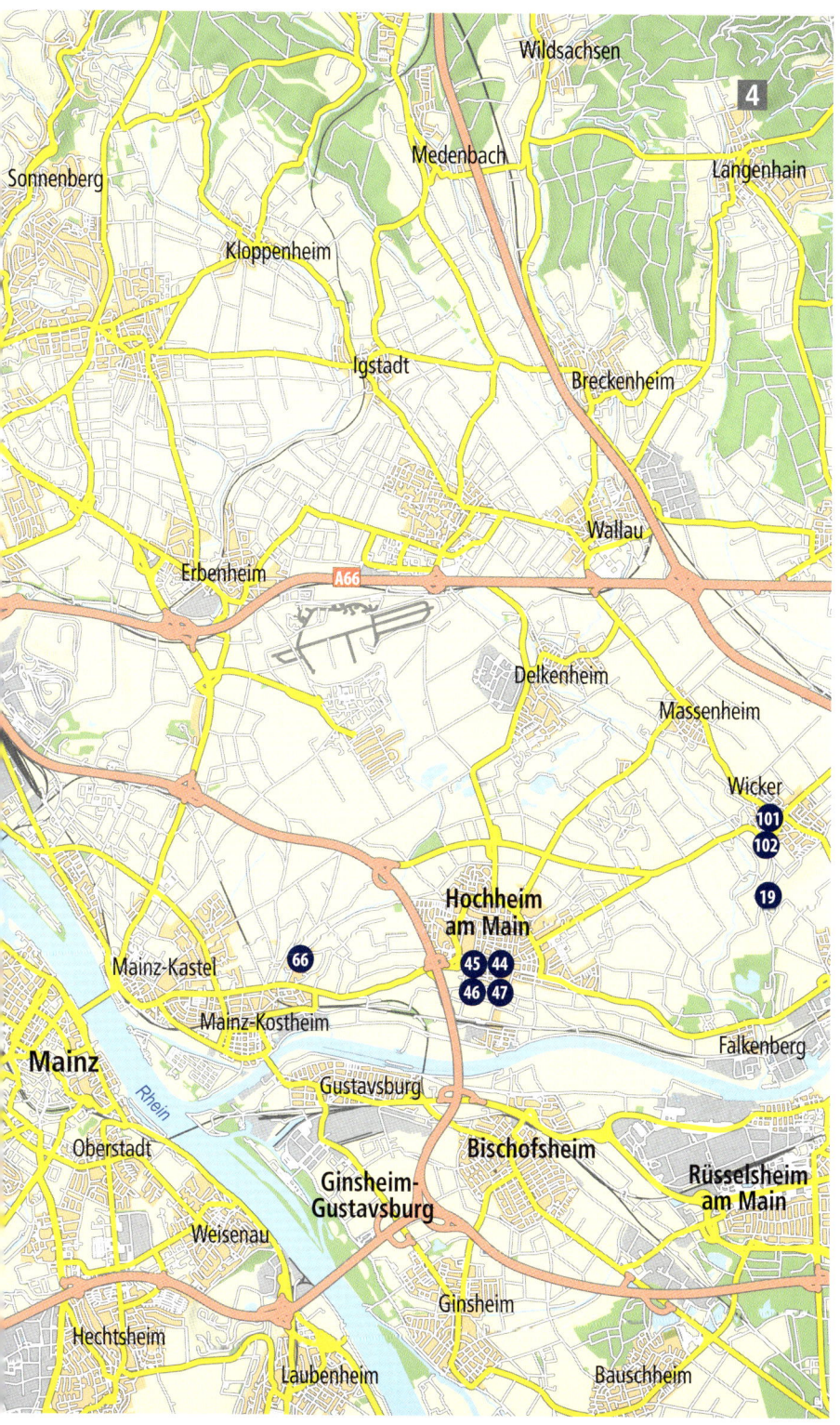

Dorothee Fleischmann,
Carolina Kalvelage
**111 Orte in Budapest, die
man gesehen haben muss**
ISBN 978-3-95451-744-2

Floriana Petersen
111 Orte in San Francisco,
die man gesehen
haben muss
ISBN 978-3-95451-750-3

Andrea Livnat,
Angelika Baumgartner
**111 Orte in Tel Aviv, die
man gesehen haben muss**
ISBN 978-3-95451-703-9

Oliver Schröter, Falk Saalbach
111 Orte in Zürich, die man
gesehen haben muss
ISBN 978-3-95451-538-7

Cornelia Lohs
111 Orte in Bern, die man
gesehen haben muss
ISBN 978-3-95451-669-8

Giulia Castelli Gattinara,
Mario Verin
**111 Orte in Mailand, die
man gesehen haben muss**
ISBN 978-3-95451-617-9

Cornelia Ziegler,
Chris Sindermann
111 Orte auf Kreta, die man
gesehen haben muss
ISBN 978-3-95451-540-0

Dorothee Fleischmann,
Carolina Kalvelage
111 Orte an der Costa Brava,
die man gesehen haben muss
ISBN 978-3-95451-561-5

Jo-Anne Elikann
**111 Orte in New York, die
man gesehen haben muss**
ISBN 978-3-95451-512-7

Ralf Nestmeyer
**111 Orte an der Côte d'Azur,
die man gesehen haben muss**
ISBN 978-3-95451-563-9

Thomas Fuchs
**111 deutsche Biere, die man
getrunken haben muss**
ISBN 978-3-95451-414-4

Stefanie Jung
**111 Orte in Mainz, die man
gesehen haben muss**
ISBN 978-3-95451-041-2

Gerd Wolfgang Sievers
**111 Orte in Venedig, die
man gesehen haben muss**
ISBN 978-3-95451-352-9

Eckhard Heck
**111 Orte in Maastricht, die
man gesehen haben muss**
ISBN 978-3-95451-368-0

Petra Sophia Zimmermann
**111 Orte am Gardasee und
in Verona, die man gesehen
haben muss**
ISBN 978-3-95451-344-4

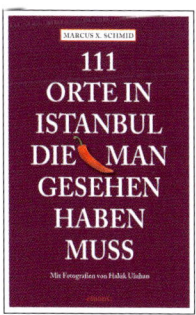

Marcus X. Schmid,
Halûk Uluhan
**111 Orte in Istanbul, die
man gesehen haben muss**
ISBN 978-3-95451-333-8

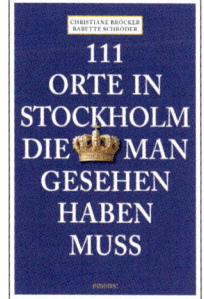

Christiane Bröcker,
Babette Schröder
**111 Orte in Stockholm, die
man gesehen haben muss**
ISBN 070-3-95451-203-4

Oliver Schröter
**111 Orte für echte Männer,
die man gesehen haben muss**
ISRN 978 3 05451-228-7

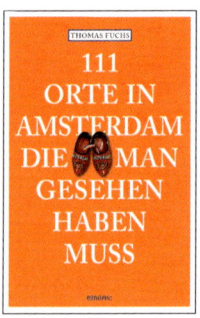

Thomas Fuchs
**111 Orte in Amsterdam, die
man gesehen haben muss**
ISBN 978-3-95451-209-6

Annett Klingner
**111 Orte in Rom, die man
gesehen haben muss**
ISBN 978-3-95451-219-5

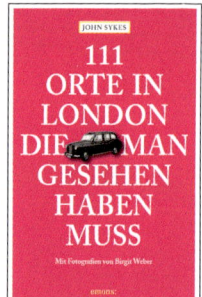

John Sykes, Birgit Weber
**111 Orte in London, die
man gesehen haben muss**
ISBN 978-3-95451-117-4

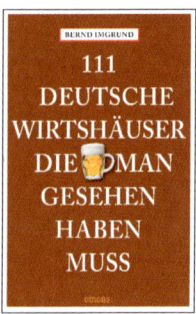

Bernd Imgrund
**111 deutsche Wirtshäuser,
die man gesehen haben
muss**
ISBN 978-3-95451-080-1

Eva Wodarz-Eichner
**111 Orte in Wiesbaden, die
man gesehen haben muss**
ISBN 978-3-95451-670-4

Stefanie Jung
**111 Orte in Rheinhessen,
die man gesehen haben
muss**
ISBN 978-3-95451-082-5

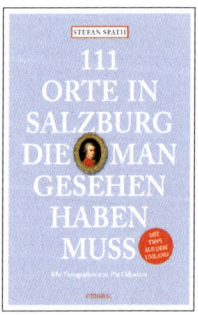

Stefan Spath
**111 Orte in Salzburg, die
man gesehen haben muss**
ISBN 978-3-95451-114-3

Ralf Nestmeyer
**111 Orte in der Provence, die
man gesehen haben muss**
ISBN 978-3-95451-094-8

Peter Eickhoff, Karl Haimel
**111 Orte in Wien, die man
gesehen haben muss**
ISBN 978-3-89705-969-6

Rike Wolf
111 Orte in Hamburg, die man gesehen haben muss
ISBN 978-3-89705-916-0

Rüdiger Liedtke
111 Orte auf Mallorca, die man gesehen haben muss
ISBN 978-3-89705-975-7

Lucia Jay von Seldeneck, Verena Eidel, Carolin Huder
111 Orte in Berlin, die man gesehen haben muss
ISBN 978-3-89705-853-8

Rüdiger Liedtke
111 Orte in München, die man gesehen haben muss
ISBN 978-3-89705-892-7

Lucia Jay von Seldeneck, Verena Eidel, Carolin Huder
111 Orte in Berlin, die man gesehen haben muss
Band 2
ISBN 978-3-95451-207-2

Bernd Imgrund, Britta Schmitz
111 Kölner Orte, die man gesehen haben muss
Band 1
ISBN 978-3-89705-618-3

Bernd Imgrund, Britta Schmitz
111 Kölner Orte, die man gesehen haben muss
Band 2
ISBN 978-3-09705-695-4

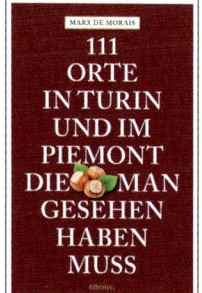

Marx de Morais
111 Orte in Turin und im Piemont, die man gesehen haben muss
ISBN 978-3-95451-736-7

Mercedes Korzeniowski-Kneule
111 Orte in Basel, die man gesehen haben muss
ISBN 978-3-95451-702-2

Danksagung

Danke an alle Rheingauer, die mir ihre Lieblingsorte verraten haben. Danke an alle, die ihre Türen geöffnet und etwas von sich und ihren Orten erzählt haben. Danke an die Liebhaber der Region, die schon vorher Wissenswertes geschrieben haben – vor allem den Rheingauer Heimatforschern, einigen Gästeführerinnen, der Denkmalpflegerin Dagmar Söder, dem Mundart-Wörterbuch-Autor Peter Michael Eulberg, Niklas Eliades, meiner Kerstin, meiner Schwester und meiner Mutter für ihre Neugierde. Und nicht zuletzt ein dickes Dankeschön an meine Lektorin Sarah Richert und den Emons Verlag, der die Idee zu dieser schönen Buchreihe hatte.

Der Autor

HP Mayer ist waschechter Rheingauer, Journalist, Autor, Fotograf, Tourismus- und Regionalmarketing-Experte. Er ist mit dem Tragschrauber, Schiffen, dem Rad und zu Fuß unterwegs und organisiert Rheingauer Erlebnisse für Reisegruppen zu den bekannten, aber auch zu selten besuchten Orten in der Region. Er liebt die Landschaft, den Wein und vor allem die offenherzigen Menschen seiner Heimat. HP Mayer hat Reiseberichte, Reisebücher und Fotobände veröffentlicht und engagiert sich in Vereinen und Organisationen für seine Region.

Schicken Sie ihre Kritik, Wünsche und ihre eigenen Lieblingsorte bitte an mailto@hp-mayer.de.